Aix-la-Chapelle et Borcette.

Manuel à l'usage des étrangers

contenant la description et l'histoire de ces villes
et de leurs environs.

Cinquième édition revue et augmentée

par

C. Améry.

GUIDE PRATIQUE

du médecin et du malade aux eaux minérales

d'Aix-la-Chapelle et de Borcette.

Par le Docteur

Alexandre Reumont,

médecin aux eaux d'Aix-la-Chapelle, membre de plusieurs sociétés savantes.

Avec un plan.

AIX-LA-CHAPELLE.
J.-A. Mayer, libraire-éditeur.

À la Bibliothèque
Impériale à Paris
par l'Auteur du
Guide pratique.
Paris, le 20 Oct. 1863.

Ie 163.
72

T

Aix -la-Chapelle et Borcette.

Manuel à l'usage des étrangers

contenant la description et l'histoire de ces villes
et de leurs environs.

Cinquième édition revue et augmentée

par

C. Améry.

GUIDE PRATIQUE

du médecin et du malade aux eaux minérales

d'Aix-la-Chapelle et de Borcette.

Par le Docteur

Alexandre Reumont,

médecin aux eaux d'Aix-la-Chapelle, membre de plusieurs sociétés savantes.

Avec un plan.

AIX-LA-CHAPELLE.
J.-A. Mayer, libraire-éditeur.
1862.

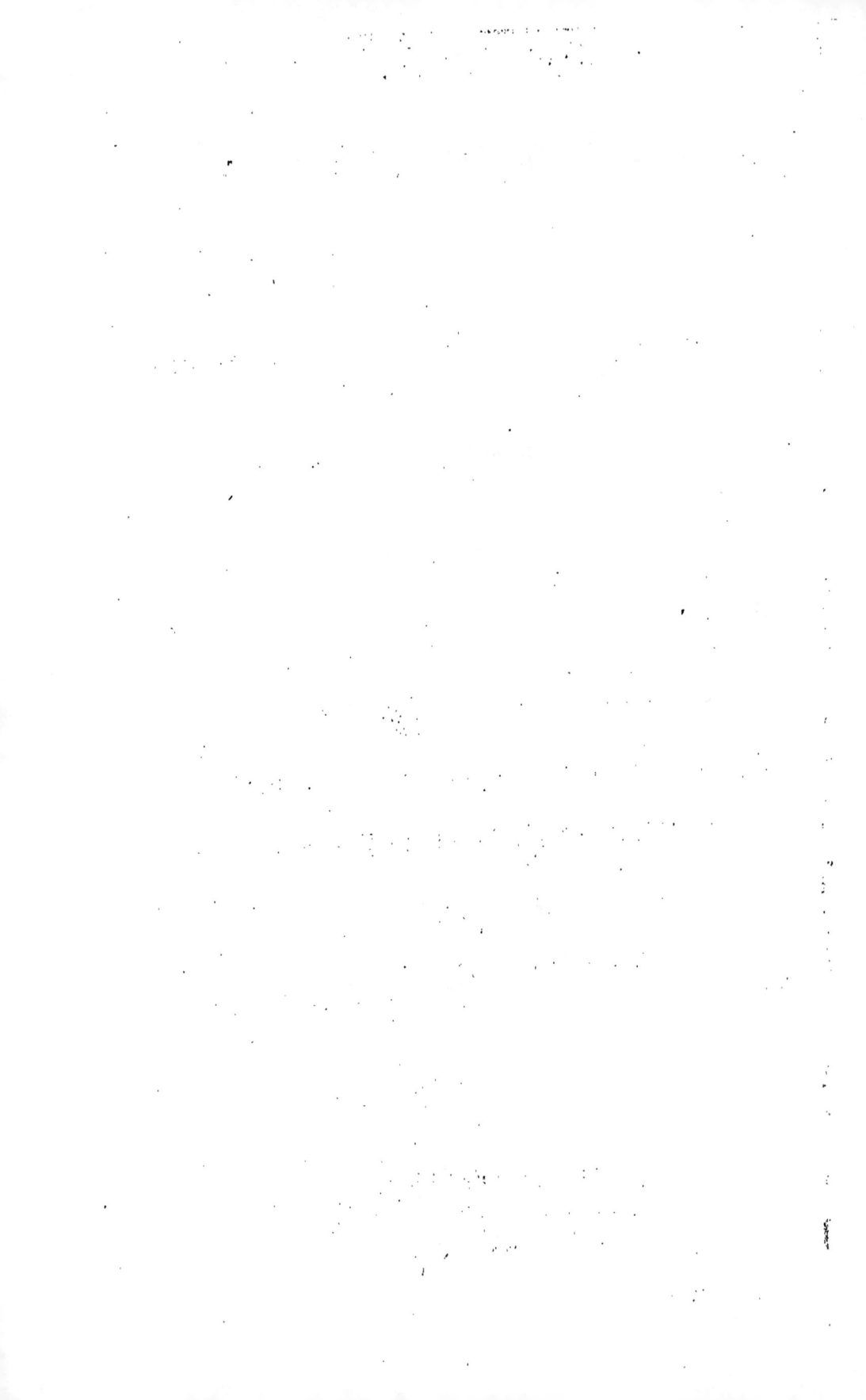

Notices topographiques
sur Aix-la-Chapelle et ses environs.

La ville d'**Aix-la-Chapelle** (en allemand: *Aachen*, en latin: *Aquis-granum*) est située, suivant les observations astronomiques les plus récentes, au 50^0 46′ 34″ de latitude septentr. et au 23^0 44′ 17″ de longuitude orientale de Ferro (à 6^0 4′ 39″ de longuitude orientale de Greenwich) dans un bassin agréable, environné d'une chaîne de hauteurs en partie boisées, et bien cultivées. De tous côtés se trouvent de charmantes promenades, des vues riantes, des jardins et des bosquets qui rendent les tours à la campagne des plus agréables.

Parmi les hauteurs celles dites *Louisberg*[*]) et *Salvatorberg*, se distinguent particulièrement: les masses sabloneuses de ces hauteurs, les coquilles et débris d'animaux marins qu'on y trouve, sont une preuve que cette contrée a été, à une époque

[*]) La hauteur du Louisberg (jusqu'au pied de la pyramide) est de 263 pieds au dessus du pied de la porte de Sandkaul.

reculée, ensevelie sous les eaux de la mer: de grandes masses de roches, telle que celle sur laquelle a été construite l'église de St. Adalbert, ainsi que d'autres répandues en plusieurs endroits, enfin celles que l'on découvre fréquemment dans les fouilles qui ont lieu autour de la ville, démontrent que le bassin d'Aix-la-Chapelle gît sur un fond de roche, d'une substance calcaire, recouverte d'une couche de pierre de mica sabloneux, souvent rompue par des veines de houille et d'argile schisteuses.

La difference de l'heure de midi entre Aix-la-Chapelle et Paris est de 14 minutes 57 secondes, entre Aix-la-Chapelle et Cologne de 3 minutes 33 secondes, entre Aix et Berlin de 29 minutes 17 secondes. L'élévation d'Aix-la-Chapelle du pied de la fontaine sur la place du marché est de 553,[4] pieds de Prusse (534,[7] pieds de Paris ou 569,[8] pieds d'Angleterre) au dessus de la surface de la mer (de Nro. 0 de la marque d'Amsterdam.)

Quant à l'origine des sources, la partie médicale de cet ouvrage donnera de plus amples détails géologiques; nous nous bornons de dire ici qu'aux amateurs de cette science, de même qu'aux minéralogistes, les environs d'Aix-la-Chapelle présentent le champ le plus varié. Quatre époques géologiques y sont developpées. Le calcaire de transition (système dévonien), la formation houillière, celle de la craie et de puissantes couches diluviales. Les hauteurs du côté de Vaels sont surtout éminemment riches en coquilles fossiles. (Voir l'excellent ouvrage du *Dr. Müller* sur ce sujet.) Les environs d'Aix-la-Chapelle, si variés et si beaux, offrent également au botaniste un terrain exquis pour ses études.

Il y trouve plus de mille espèces de plantes phanérogames et en proportion une quantité égale de cryptogames. Les entomologues sont étonnés de l'immense variété d'insectes. C'est ainsi qu'en 1849 on a déjà reconnu 1871 espèces différentes de coléoptères, quantité que n'offre aucune autre ville du Rhin. Les riches bassins de houille et de métaux dans les proches environs de la ville ont donné naissance à bon nombre d'établissements considérables et du plus haut interêt.

Aix-la-Chapelle a éprouvé à différentes époques plusieurs tremblements de terre: le dernier qui s'est fait sentir d'une manière assez forte, sans cependant causer aucun dégat, a eu lieu le 3 décembre 1828 à 6½ heures du soir: la première secousse a duré environ 2 secondes, la seconde infiniment plus forte, et accompagnée de détonations souteraines se prolongea pendant près de 4 secondes. On a remarqué pendant la durée de ces secousses une grande agitation dans l'eau des sources thermales: celle des bains St. Quirin repandirent en même temps une odeur de souffre telle qu'on ne se rapelle pas avoir jamais éprouvé de pareille.

La ville se partageait jadis en ville vieille ou intérieure et ville extérieure qui entourait la première. La vieille ville avait encore au commencement du siècle ses portes, ses murailles et ses fossés, mais à présent ces portes ont été démolies, et les fossés ont été comblés et changés en promenades ou couverts de maisons. Les remparts de la nouvelle ville sont plantés d'arbres, et les promeneurs y jouissent d'une vue aussi variée qu'agréable sur la ville et sur la campagne.

On compte neuf portes à Aix-la-Chapelle: 1⁰ celle de Cologne; 2⁰ de St. Adalbert; 3⁰ de Borcette; 4⁰ de St. Jacques ou de Liége; 5⁰ de Vaels; 6⁰ du roi (Königsthor); 7⁰ du Pont; 8⁰ de Sandkaul et 9⁰ des Promenades.

De ces 9 portes seulement celle de Borcette (dite: *Marschierthor*) et du Pont (dite: *Pontthor*) faisaient partie de l'ancienne enceinte fortifiée et sont construites dans le style de cette époque; les autres sont de construction moderne.

La ville qui dans le dernier temps continue de s'agrandir presque annuellement, contient à présent vers 3000 maisons, habitées par près de 58,000 habitants, dont 3000 protestants et 400 israelites, les autres appartiennent au culte catholique. La circonférence de la ville est d'une heure et demie. La plupart des rues (on en compte presque 80) sont larges et bien bâties, toutes éclairées au gaz et en grande partie munies de bons trottoirs. Plusieurs d'entre elles, principalement la rue du Théâtre avec sa prolongation la rue haute *(Hochstrasse)* et le *Friedrich-Wilhelms-Graben*, de même que le *Verbindungsweg* et tout le quartier moderne du côté du chemin de fer rhénan, sont d'une grande beauté. La plupart des maisons, dont beaucoup se distinguent par leur goût, sont bâties en briques, et quelques-unes en pierres bleues et calcaires. Dernièrement on se sert beaucoup pour les ornements extérieurs des maisons du grès jaune des carrières de Maestricht et de Valken-

burg. Par la splendeur et l'élégance de ses magasins, Aix-la-Chapelle peut bien rivaliser avec les
grandes villes de l'Europe.

La ville est située entre le *Rhin* et la *Meuse*,
dans la vallée riveraine de la dernière, tout près
de la frontière hollandaise (le Limbourg) et à deux
lieues de la frontière belge. Trois ruisseaux, la
Pau, la *Paunelle* et le *Johannisbach* traversent la
ville en majeure partie dans des canaux voutés.
Ces ruisseaux qui, quoique très insignifiants, offrent
cependant de grands avantages aux manufactures
pour le lavage des laines, se réunissent hors de la
porte St. Adalbert au *Wurmbach*. Ce dernier, après
avoir fait un parcours d'environ huit lieues, se jette
dans la Roer, affluente de la Meuse.

Située au centre des grandes capitales de l'Europe, Aix-
la-Chapelle se rapproche d'elles par les chemins de fer, qui se
croisent à ses portes. Le chemin de fer *rhénan-belge* nous
mène d'un côté en une heure et demie à *Cologne* et aux bords du
Rhin, en 8 heures à *Mayence*, en 14 heures à *Berlin*, de l'autre
en 4½ heures à *Bruxelles*, en 7 heures à *Ostende*, en 10 heures
à *Paris* et en 14 heures à *Calais*. Le chemin de fer d'*Aix* à
Dusseldorf, traversant un des pays les plus industriels de l'Allemagne, offre dans ses prolongations également des communi-
cations directes avec Berlin et tout le Nord de l'Allemagne. Le
chemin de fer de *Maestricht* enfin nous conduit en trois quarts
d'heure dans cette interessante forteresse hollandaise; on se sert
également de ce chemin pour se rendre en Belgique.

Aix-la-Chapelle est le chef-lieu d'un département *(Regierungsbezirk)*, faisant partie de la province rhénane de la Prusse. La ville est le siége
de l'administration du département, d'un tribunal,
de directions de douanes et de postes, d'une cham-

bre et d'un tribunal de commerce et d'une chambre de prud'hommes.

Le patois allemand, qu'on parle familièrement à Aix-la-Chapelle, appartient à l'idiome bas-alle- mand. Cependant on y trouve des mots d'origine hollandaise, française, wallonne et même espagnole, de sorte que même pour les allemands appartenant au rayon des dialectes de la même source il est quel- quefois difficile de le comprendre. Par son origi- nalité et par toute une litérature poétique qui ap- partient à ce patois, il a toujours attiré l'attention des philologues et amateurs. Nous citerons plus tard plusieurs ouvrages des auteurs Aixois vivants, parmi lesquels excelle Mr. le *Dr. Müller*, profes- seur au collège supérieur de la ville.

Aix-la-Chapelle abonde en eau froide, qui en partie lui est ammenée par des aqueducs. Le climat de la ville est très-sain, plus humide que sec et des maladies contagieuses n'y règnent que bien rarement. Etant défendue contre les vents par les collines qui l'entourent de tous les côtés, la ville offre dans chaque saison un séjour salutaire, surtout aux poi- trinaires. La saison d'automne se distingue générale- ment par sa beauté et sa durée; le froid est tou- jours très-modéré en hiver. Les vents du nord-ouest et du midi sont régnants.

Edifices publics.

La cathédrale.

Tant par son âge vénérable que par la beauté de sa construction, la cathédrale d'Aix-la-Chapelle, — l'ancienne chapelle de Charlemagne, — à laquelle la ville doit son nom français, réclame à juste titre une grande place parmi les monuments les plus illustres de l'architecture chrétienne. Eginhard, dans la vie de Charlemagne, rapporte que cet empereur qui affectionnait particulièrement le séjour d'Aix-la-Chapelle, y fit construire en 774, sous l'invocation de Notre-Dame, une cathédrale, richement décorée, dont les portes ainsi que les grilles étaient d'airain pur: les colonnes et les marbres avaient été amenés de Rome et de Ravenne.

Les plus habiles artistes italiens furent envoyés par le pape Hadrian. Les grandes pierres de taille arrivaient de Verdun, dont la forteresse avait été rasée par Charlemagne. La construction fut dirigée par l'abbé Ansigis de Fontanelle en Normandie. L'inauguration de l'église fut célébrée par le pape Leo III le 6 Janvier 804.

L'édifice, tel qu'il existe actuellement, a conservé beaucoup de parties de sa forme primitive, qui d'ailleurs a subi de notables changements. L'ancienne *chapelle* de *Charlemagne* est une imitation de l'église St. Vitalis à Ravenne. Elle forme un *octogone* de 50 pieds de diamètre et 100 pieds de hauteur à partir du sol jusqu'à la coupole, entouré d'une galérie de 16 pans et de deux étages qui à l'est touche au choeur et à l'ouest à la tour: on voit des deux côtés et aux deux étages des chapelles latérales.

Les arcades supérieures ont une grande hauteur, et sont ainsi distribuées: à chaque ouverture des arcades sont à égale distance deux colonnes qui par une corniche soutiennent trois petites arcades au-dessus désquelles court une corniche horizontale; sur cette corniche s'élevent deux autres colonnes, qui rejoignent la soffite de l'arcade principale. Ces colonnes sont pour la plupart de beau granit gris, quelques-unes sont de marbre et de porphyre. Lors de l'invasion de 1794, les Français en emportèrent quelques-unes à Paris, mais en 1815 elles furent rendues à la cathédrale et en 1845 feu le roi Frédéric-Guillaume IV les fit polir et compléter. Elles occupent maintenant leur ancien placement. Les belles balustrades de bronce, qui accompagnent cette colonade, paraissent être de première origine.

La société dite *Karlsverein*, fondée en 1849 sous le protectorat du roi alors regnant, dans le but de restaurer notre cathédrale, s'est occupée depuis ce temps avec un zélé infatigable de cette noble tâche. Ces travaux se sont limités jusqu'à présent principalement à la restauration du choeur, dont nous parlerons plus tard. L'octogone, quoique ses colonnes lui aient été restituées, est encore loin de son ancienne splendeur. La mosaique de la coupole ainsi que le riche revêtement en marbre des arca-

des et des encadrements des fenêtres ont été en
partie abimés par des incendies, dont la ville a été
affligée, et ont été couverts plus tard par de mauvais
ornements en stuc dans le gout détestable des derniers
siécles. Heureùsement il est à croire que cet état
déplorable ne durera plus longtemps, le comité du
Karlsverein s'occupant déjà depuis plusieurs années
des préparatifs pour la restauration fidéle et soig-
neuse de cette partie de la cathédrale. La coupole
est éclairée par huit croisées qui sont au-dessus des
arcades, et fermée par une voûte d'arrête à huit
pans. A chaque côté de la tour sont deux escaliers
circulaires: dans la partie supérieure de l'escalier
du nord est une ouverture qui paraît avoir donné
sur la galerie qui conduisait de l'église au palais
impérial. Il existait jadis un autel sur l'estrade
au-dessus de la chapelle: on y voyait quatre belles
colonnes isolées; deux de porphyre vert, et deux de
granit jaune grisâtre: elles sont actuellement dans
la chapelle de St. Nicolas.

Au milieu et au-dessous de l'octogone, on voit
une grande pierre, avec cette inscription simple,
mais significative — **CAROLO MAGNO.** — L'opinion
auparavant générale, et encore très-repandue que
le *caveau*, dans lequel les dépouilles mortelles de
Charlemagne avaient été déposées, se trouvait sous
cette pierre, n'est pas fondée. Sélon toute proba-
bilité l'ancien tombeau de l'empereur était situé
dans le corridor à droite de l'octogone. Le tombeau fut ouvert en 997 par l'empereur Othon III.
On trouva d'après la legende le corps de Charle-

magne assis sur un fauteuil de marbre, habillé en
grand ornat, et portant d'un côté l'épée, de l'autre
la panétière. La couronne d'or ornait sa tête; sur
ses genoux réposait le livre d'Evangiles. L'empereur
Othon fit enlever ces objets; on s'en servit plus tard
pour les couronnements des empereurs. En 1215
Fréderic II fit ouvrir pour la seconde fois le tombeau en présence des archevêques de Liége et de
Cologne; le corps de l'empereur fut enlevé et mis
dans une châsse splendide. (Voir la description des
reliques.)

On avait, il y a environ vingt ans, fait en
vain des fouilles pour trouver ce caveau; récemment, en été 1861, on a répété ces essais, sous les
yeux du directeur des musées de Berlin, Mr. d'Ol-
fers, et de l'architecte de la ville, Mr. Ark, sans
être plus heureux. Cependant on a fait à cette occasion une découverte assez intéressante; on a
retrouvé les murs fondamentaux de l'abside de
l'octogone qui avait été détruite lors de la construction du choeur gothique. Elle était d'une forme
carrée et beaucoup plus petite que le porche opposé,
qui malgré plusieurs rénovations pas trop habiles
a retenu en général sa forme originale. De plus
on a trouvé encore au souterrain de l'église plusieurs
restes de murailles qui probablement ont fait partie
de bains romains.

Un reste précieux des temps anciens, à raison
des souvenirs qu'il reveille, est le *fauteuil en marbre,*
sur lequel Charlemagne était placé dans son tombeau, et qui a servi plus tard comme trône aux

empereurs d'Allemagne lors de leur couronnement à Aix-la-Chapelle dépuis Frédéric II. Le siége est placé aujourd'hui dans le *Hochmünster* (sur la galerie de l'octogone).

Au dessus de la pierre qui couvre le soi-disant tombeau de Charlemagne, est suspendu un *lustre* magnifique de la plus grande dimension en cuivre doré, un présent fait par l'empereur Frédéric I. Il a la forme d'un cercle orné de 16 tourelles, dont 8 sont plus grandes que les autres, toutes ornées de belles ciselures, et représentant la sainte ville de Jérusalem.

L'extérieur de l'ancienne église de Charlemagne est difficile à étudier à cause des chapelles d'un temps plus récent qui l'entourent. On peut s'en faire la meilleure idée, en se plaçant au balcon de la cage d'escalier de l'hôtel de ville. Le toit de la coupole apartient aux derniers siécles. Il avait auparavant une plateforme; la pomme dorée qui la couronnait du temps de Charlemagne, fut détruite par la foudre un an avant la mort de l'illustre empereur.

Le *choeur gothique* d'une construction hardie et noble fut ajouté à la Cathédrale par le Bourgmestre *Gerhard Chorus*, en perçant trois pans de la galérie de l'octogone. Il fut commencé en 1353 et achevé en 1413. Par ses formes élégantes dans le style ogivale le plus riche, et par ses vitraux élancés il contraste notamment avec la voussure byzantine de la nef. Grâce aux soins du *Karlsverein* il a été débarassé dans le dernier temps de ses malencontreuses ajoutes et l'extérieur de cet édifice imposant se fait réadmirer dans sa beauté primitive. Quant à l'intérieur, la restauration pas encore tout-à-fait achevée, est pourtant assez avancée pour donner une juste idée de la grandeur de cette oeuvre. Le choeur a une hauteur de 114 pieds, une longueur de 80 pieds sur 40 pieds de largeur. Aux colonnes s'appuyent des statues de Charlemagne, de la St. Vierge, des Apôtres, probablement de la même époque que le choeur, mais nouvellement dorées et peintes. Les 13 fenêtres (hauteur 85′) ont été ornées nouvellement de vitraux peints, cadeaux du feu roi Frédéric-Guillaume, de citoyens et de sociétés de la ville. Tous représentent des scènes de la vie de la St. Vierge, savoir:

1. La Présentation de la St. Vierge. *) 2. L'Annonciation de Marie. 3. La Visitation. 4. La Naissance du Christ. 5. La Présentation de Jésus au temple. 6. L'Adoration du Sauveur par les Mages. 7. La fuite en Egypte. 8. Jésus retrouvé dans le temple. 9. Notre Dame des 7 douleurs. 10. L'Assomption de la St. Vierge. 11. Marie Auxiliatrice au trône de Dieu. 12. La déclaration solennelle du dogme: Marie est conçue sans péché. 13. La dédicace du dôme d'Aix-la-Chapelle par Charlemagne.

Une pierre tumulaire au milieu du choeur montre le *tombeau de l'empereur Othon III*, qui mourrut à Rome, mais fut enseveli suivant son ordre exprès dans la cathédrale d'Aix-la-Chapelle. Le *porte-missel* qui se trouve devant le tombeau, orné

---

*) Les Nrs. 1, 9 et 11 ne sont pas encore achevés.

d'un aigle en bronze, est probablement d'origine romaine.

Huit chapelles sont disposées autour de l'église et en font partie: 1º La chapelle St. Nicolas, fondée par le chanoine Roudelli en 1433. Un crucifix en bois, qui décore l'autel, est un chef-d'oeuvre de sculpture.

2º La chapelle Hongroise porte ce nom parcequ'elle a été fondée en 1374 par Louis I, roi de Hongrie; elle a été entiérement renouvellée en 1756 par l'impératrice Marie-Thérèse.

3º La chapelle St. Michel, fondée en 1543, par le Duc Henry de Bavière, évêque de Spire, et prévôt de l'église cathédrale d'Aix: la galérie qui conduit à cette chapelle renferme des tableaux; on y voit quelques morceaux intéressants de l'école allemande, et même un tableau de Rubens, dont cependant l'authenticité est assez contestée.

4º La chapelle Ste. Anne: elle est, comme la précédente, située à l'étage supérieur, et a été fondée en 1449; on ignore le nom du fondateur.

5º La chapelle des morts, dans le cloître qui entoure la cathédrale.

6º La chapelle St. Hubert, près de la porte dite: *Krämerthür.*

7º La chapelle St. Charles, située au dessous de la précédente.

8º La chapelle St. Jean, sur le marché aux poissons.

Une porte de la chapelle St. Nicolas mène dans le cloître de la cathédrale, formant un carré, avec plusieurs sorties, parmi lesquelles se distingue un ancien portail gothique, surnommé le *trou de dragon (Drachenloch)*, donnant sur la rue du cloître *(Klostergasse)*. Le cloître avec ses colonnes racourcies est du 12me et 13me siècle.

Le *trésor de la cathédrale* renferme plusieurs objets de prix, pour la plupart des dons faits par des souverains, parmi lesquels se distinguent ceux faits par les empereurs Charles V, et Joseph I, par Marie Stuart, reine d'Ecosse, par Agnès, reine d'Hongrie, et Isabelle, infante d'Espagne. Tous ces objets, surtout les ouvrages d'orfévrerie, sont extrémement remarquables; il y a peu d'églises en Europe, qui pourront rivaliser sous ce rapport avec la cathédrale d'Aix-la-Chapelle. Le trésor possède, outre ces joyaux un grand nombre de *reliques:* celles dites *petites reliques,* sont montrées en tout temps à la sacristie: *) les *grandes* ne sont exposées que tous les sept ans pendant 14 jours: il n'est fait d'exception pour celles-ci qu'en faveur des têtes couronnées. Voici le détail des reliques:

Grandes reliques.

1^0 La robe que la St. Vierge portait lors de la naissance de J.-C.: elle est de coton filé d'une longueur de cinq pieds et demi et d'une couleur blanche-jaunâtre. Autour du cou et de la manche droite se trouvent des ornéments tissés dans l'étoffe: une partie de la manche gauche manque. 2^0 Les

---

*) Pour voir les petites reliques, on paie 1 Thlr. 10 Sgr. (5 francs) pour une à six personnes.

langes qui enveloppèrent le Sauveur dans la crèche. Une partie de ces langes d'un jaune foncé est épaisse comme du feutre; elle ressemble à une éponge. Néamoins c'est un tissu. 3⁰ Le drap sur lequel St. Jean-Baptiste a été décapité. Ce drap, encore rempli de taches de sang est d'un tissu fort tendre de la grandeur d'un drap de lit. 4⁰ La toile qui ceignit les reins du Sauveur sur la croix. Ce drap est grossier, cependant de lin, et ployé. On y remarque encore des taches de sang.

Ces reliques sont empaquetées dans des pièces de soie qui lors de chaque exposition sont découpées, et les morceaux distribués aux personnes présentes. Les reliques sont alors enveloppées en soie nouvelle, savoir: la robe de la Vierge Marie en soie blanche, les langes en soie jaune, la toile de St. Jean-Baptiste en soie rouge claire et le drap du Sauveur en soie rouge foncé.

La *châsse* qui contient les grandes reliques est très précieuse. Cette caisse d'argent doré construite sur un plan en forme de croix récouverte d'un toit en pointe, et pesant 300 livres, est executée en ouvrage de filigrane de la plus haute valeur artistique et ornée d'émaux, de perles et de 1200 pierres précieuses. Le côté latéral principal représente la St. Vierge Marie assise avec l'enfant Jésus. A sa droite et à sa gauche sont assis trois apôtres munis de leurs emblêmes. L'autre côté nous montre Charlemagne, également assis, revêtu des ornements impériaux et portant le dôme d'Aix-la-Chapelle; à ses côtés trois apôtres avec leurs attributs. Sur les deux autre côtés se trouvent les figures de Jésus-Christ et du pape Léon III. Le toit est couronné d'une crête à jour en argent doré, d'où sortent sept coupoles en filigrane, ornées de pierreries et d'émaux.

Ce reliquaire est montré dans la sacristie avec les petites reliques, les grandes reliques, qui s'y trouvent, n'étant montrées au public que tous les sept ans, du 10 au 24 Juillet. Cette période, qui est appelée „*Heiligthumsfahrt*" (le pélérinage aux reliques), a dernièrement eu lieu en 1860. Pendant ce temps des milliers de pélérins accourent de près et de loin à la ville qui alors prend un air extrèmement animé et solennel.

Les **petites reliques** sont conservées dans des vases ou châsses artistiquement travaillés, remarquables sous le point de vue historique et ornés de pierreries, de gemmes, de camées, de perles précieuses et d'émaux. Nous en donnons la déscription d'après l'ouvrage de Monsieur *J. P. J. Beissel*, prêtre sacristain du dôme d'Aix-la-Chapelle.

1. Une châsse en argent doré pesant 390 livres, formant un carré long en structure romain-byzantine, contenant les ossements de Charlemagne, à l'exception du crâne, du tibia et de l'avant-bras, qui sont enchâssés dans des reliquaires particuliers. La longueur de la châsse est de 6 pieds 10 pouces, la largeur 2 pieds et la hauteur 3 pieds 1½ pouce. La toiture qui forme un angle oblique, représente sur huit tableaux différentes scènes de la vie de Charlemagne d'après la légende. Sur les deux côtés latéraux se trouvent assis sur leur trône seize empereurs ou rois allemands: Charlemagne, Louis le Pieux, Lothaire, Zwendebol, Othon I, II, III, IV, Henri I, II, III, IV, V, VI, Frédéric I et II. Dans la main droite ils portent le sceptre, dans la main gauche le globe terrestre ou un livre. Les deux autres côtés nous représentent Marie et de nouveau Charlemagne. Le faîte du toit est surmonté, comme la châsse précédente, d'une crête à jour, en argent doré d'où sortent trois boules d'un grand prix. *)

2. Un reliquaire en argent doré, contenant dans un grand cristal de roche la ceinture en cuir de notre Seigneur Jésus-Christ avec le sceau de Constantin le Grand. Le pied de ce vase est orné de camées, le noeud d'émaux et de pierreries.

3. Un reliquaire en argent doré, contenant dans un grand cristal de roche poli la ceinture en lin de la St. Vierge Marie. Le noeud est orné de pierres précieuses, d'un rubis taillé, d'une

---

*) Cette châsse avec ses basreliefs a été pour la première fois décrite en 1859 par Monsieur P. St. Kaentzeler dans un petit ouvrage allemand. Egalement nous sommes redevables à Monsieur Ark, architecte de la ville, pour les belles photographies qu'il a fait tirer des dites bareliefs.

cornaline etc. Ce vase est orné de beaucoup de pierres précieuses et de saphirs.

4. Un vase en argent doré, contenant dans un cristal de roche poli un morceau de la corde avec laquelle le Sauveur fut attaché à la colonne lors de la flagellation. La partie supérieure est ornée de perles précieuses et le pied de pierreries, de gemmes et de camées.

5. Un reliquaire rond en argent doré, orné de filigrane, d'éméraudes, de topazes et de perles précieuses, contient au centre: a. une partie de l'éponge qui servit à abreuver le Sauveur sur la croix; b. une épine de la couronne d'épines; c. des cheveux de l'apôtre St. Barthélemi; d. des ossements de St. Zacharie, père de St. Jean-Baptiste; e. deux dents de l'apôtre St. Thomas. Quatre émaux ronds séparent ces reliques. Le revers est une plaque en argent artistement ciselée. Sur le pied se trouvent deux vases liturgiques en forme d'anges, dont peut-être on se servait précédemment pour la sainte messe ou pour l'administration du baptême.

6. Une châsse en argent doré reposant sur quatre colonnes et représentant la présentation de Jésus au temple. Elle contient l'avant-bras du juste Siméon et quelques autres reliques précieuses. Ce reliquaire repose sur une base portée par quatre lions; il est orné d'émaux, de perles précieuses, de pierreries, de topazes etc.

7. Un vase en argent doré renfermant la croix de Charlemagne.

8. Une croix en or; elle fut donnée par le pape Léon III à Charlemagne et contient une partie de la sainte croix.

9. Un reliquaire gothique en argent doré, donné par Charles IV à l'occasion de son couronnement (1349). Il est recouvert d'une grande quantité de perles précieuses, de pierreries et d'émaux et repose sur huit lions en argent doré. Ce reliquaire contient: a. un tibia de Charlemagne; b. une dent de St. Catherine martyre; c. un morceau d'un clou avec lequel le Christ fut attaché à la croix.

10. Un reliquaire gothique en argent doré, don de Philippe II, roi d'Espagne. Il est orné de perles précieuses, de

pierreries et d'émaux et contient: *a.* une partie du suaire qui couvrait la face de Jésus-Christ dans le sépulcre; *b.* un morceau du roseau, qu'on lui donna en main par dérision; *c.* des cheveux de St. Jean-Baptiste; *d.* une côte de St. Etienne, premier martyr.

11. Une châsse en argent doré en partie avec une épigraphe grecque. Ce reliquaire construit quant à sa forme principale en carré équilatéral est surmonté d'une coupole reposant sur de petites colonnes. Il contient la tête de St. Anastase, martyr.

12. Un reliquaire en argent doré contenant une côte de St. Etienne I, roi de Hongrie, et d'autres reliques.

13. Un reliquaire en argent doré, contenant des cheveux de la Ste. Vierge et une parcelle de la sainte croix.

14. Un buste en argent doré. Il est recouvert d'émaux représentant des aigles à une tête et orné d'une couronne impériale recouverte de 71 pierres précieuses. Il contient le crâne de Charlemagne.

15. Un reliquaire en argent doré. Il contient une partie du bras droit de Charlemagne et fut donné à l'église par Louis XI, roi de France, l'an 1481.

16. Le cor de chasse en ivoire dont se servait Charlemagne. Il est orné de deux garnitures en argent doré recouvertes de pierreries. Le bandelier en velours rouge porte plusieurs fois l'inscription: „*Dein Ein.*"

17. Un bâton en argent, aussi long que le bras de Charlemagne, c'est-à-dire 2 pieds 7 pouces. (La taille de l'empereur était de 7 pieds 2 pouces.)

18. Une statue en argent doré; elle représente St. Pierre et porte dans la main un anneau de la chaine, avec laquelle, cet apôtre fut garotté dans la prison.

19. Une statue de la St. Vierge Marie avec l'enfant ornée d'une couronne garnie de pierreries et un collier en émail.

20. Une châsse en ivoire formant un carré long. Elle contient des ossements de l'évêque St. Speus et d'autres Saints.

21. Un reliquaire en cristal de roche contenant des reliques de St. Etienne, roi de Hongrie, de St. Emery et d'autres.

22. Un reliquaire en argent doré; il contient des ossements de St. Catherine, de St. Agnès etc.

23. Une châsse en argent. Ce reliquaire carré-long repose sur quatre colonnes et contient des ossements de l'évêque St. Felix, des saintes Martine, Christine etc.

24. Une croix artistement travaillée, ornée de beaucoup de pierreries, de saphirs, d'améthystes, de rubis, de perles précieuses. L'empereur Lothaire en fit présent à l'église à l'occasion de son couronnement l'an 817. Au milieu se trouve un beau camée à l'effigie d'Auguste, et un peu plus bas le sceau de Lothaire avec l'épigraphe: *Christe adjuva Lotharium regem.*

25. Un ostensoir en or, richement décoré de diamants et d'une grande topaze jaune d'or; Charles V en fit présent à l'église lors de son couronnement l'an 1520.

26. Un reliquaire en argent doré contenant des ossements du pape St. Léon III, qui en 804 consacra le dôme d'Aix-la-Chapelle.

27. Une statue en argent doré, représentant la St. Vierge Marie sans couronne. A ses pieds est agenouillé le donateur, un matelot hollandais, qui apporta cette statue à Aix-la-Chapelle en ex-voto, après avoir été sauvé d'un affreux nauffrage.

28. Un pupitre en argent doré faisant partie de la chaire, au milieu duquel se trouve une ciselure représentant St. Matthieu et encadrée de velours rouge. La partie inférieure est un vase antique en ivoire, artistement travaillé et décoré de 61 pierres précieuses.

29. Un tableau en argent, garni d'armoiries émaillées et de pierres précieuses, représentant le couronnement de la St. Vierge Marie.

30. Un tableau en argent, orné d'armoiries émaillées et de pierres précieuses, représentant la St. Vierge avec l'enfant.

31. Un troisième tableau en argent, recouvert d'armoiries émaillées et de pierres précieuses, représentant la St. Vierge avec l'enfant.

32. Une image de la St. Vierge Marie avec l'enfant Jésus brodée à l'aiguille sur fond d'or par la reine Elizabeth, épouse de Louis I de Hongrie.

33. Un buste en cuivre doré; il servait jadis d'aiguière au couronnement des rois.

34. Un coffre en bois, richement décoré d'armoiries émaillées et d'autres ornements. On s'en sert au temps de l'ostension pour transporter les grandes reliques sur les galleries.

35. Une couronne en argent doré, richement ornée de diamants, de saphirs, de rubis, de perles précieuses et d'émaux; Marie Stuart, reine d'Ecosse, en fit don (1566) pour la statue de la St. Vierge du maître-autel.

36. Des plaques en or, qui forment un pendulum.

37. Un couteau de chasse de Charlemagne avec un fourreau en cuir pressé.

Charlemagne avait reçu une partie des reliques en 799 de Jean, Patriarche de Jérusalem, une autre partie lui fut donnée en 806 par le calife Haroun al Raschid, qui lui fit en même temps don de Jérusalem et des saints lieux: enfin le reste lui fut envoyé de Constantinople, ainsi qu'il l'a certifié lui même dans le diplôme qu'il a délivré à cet effet.

Parmi les autres objets de distinction, que renferme la cathédrale, il ne faut pas omettre un *sarcophage* en marbre de Paros, avec un basrelief, représentant l'enlèvement de Proserpine, qui a renfermé d'après les chronistes, les ossements de Charlemagne pendant 50 ans après qu'ils ont été retirés du caveau.

La *chaire* en argent doré qui se trouve à droite à l'entrée du choeur au dessus de la porte de la sacristie, est un don de l'empereur Henri II de l'an 1002. Elle est ornée de grandes agates, de gemmes précieuses, de vases en cristal, de beau décors en émail et de sculptures en ivoire artistement combinées. Le trésor de l'église possèdait encore autrefois les *emblêmes de l'empire* consistant dans *l'épée de Charlemagne* (un glaive arabe, long de $3^1/_2$ pieds et large de 2 pouces); le *livres des évangiles* de l'empereur, écrit sur parchemin en lettres d'or, et une capsule, renfermant de la terre imbibée du sang de St. Etienne. Ces objets notamment valables sous le point de vue historique ont été transférés à Vienne sur la demande de l'empereur François II en 1798 à l'approche des Français. L'espoir qu'ils seront un jour rendus à Aix-la-Chapelle ne c'est point réalisé jusqu'à présent.

Les *portes* de l'église sont de bronce et datent du temps de Charlemagne.

La *principale porte*, celle dite du *loup*, doit son nom à un loup en bronze (ou plutôt une louve à gueule béante, dont la poitrine porte une large plaie), placé sur un pilier à sa droite. Vis-à-vis du pilier qui porte la louve se trouve un autre au côté gauche de la porte, avec une *pomme de pin* en bronze fondue, de trois pieds de hauteur, dont les 129 écailles ou feuilles sont creuses et trouées à la pointe. Trois côtés de la base de cette pomme portent des inscriptions latines. Probablement la louve et la pomme de pin qui sont d'origine romaine, faisaient auparavant partie d'une fontaine placée sur le marché aux poissons. L'eau jaillissait des tétons de la louve et des petits trous de la pomme. La tradition a conservé une autre explication de la porte du loup, qui est dans la bouche du peuple depuis les temps les plus réculés. Nous en donnons le récit dans le choix des légendes sur Aix, que nous ajoutons à cette description.

Eglises et couvents.

On compte huit paroisses à Aix-la-Chapelle; les *églises paroissales* offrent très-peu de remarquable surtout à l'extérieur; lors des deux grands incendies elles perdirent en plupart leurs tours et leurs toits, de sorte qu'elles ne laissent pas deviner l'àge de leur fondation.

1. *L'église de St. Foilan*, église paroissale de la cathédrale et située près d'elle, a été fondée dans le treizième siècle. Son patron, St. Foilan, un missionaire irlandais, fut le fils du roi Momony d'Irlande. Jusqu'en 1260 c'était la seule église paroissale d'Aix-la-Chapelle.

2. *L'église St. Pierre*, dans la rue Alexandre, près de la porte de Cologne, est environnée de l'ancien cimetière. Cette église possède outre plusieurs *vitraux peints* un beau *tableau moderne de Classen* (la St. Vierge planant sur Aix-la-Chapelle).

3. *L'église St. Nicolas* (l'ancienne église des Franciscains) dans la grande rue de Cologne, a été fondée 1234 par l'empereur Henri II. Cette église gothique est large et claire. Les trois nefs sont de la même hauteur. Trois *tableaux* au maître autel, représentant différentes phases du crucifiement, sont

de grande valeur et attribués à *Diepenbeck,* premier éléve de Rubens. Le cloître apartenant à cette église est transformé maintenant en palais de justice, avec dépendances servant de prisons.

4. *L'église St. Adalbert* située près de la porte St. Adalbert, sur un rocher, fut fondée par l'empereur Othon III en 1000 et achevée par Henri II en 1005. Elle était autrefois une église collégiale. Le chapitre richement doté par plusieurs empereurs, n'a été dissolu qu'en 1795.

5. *L'église de la croix* dans la rue du Pont, n'offre absolument rien de remarquable. Fondée en 1372, elle appartenait auparavant aux chevaliers de la croix (de l'ordre de St. Augustin.)

6. *L'église St. Paul,* rue St. Jaques, ancienne église des Dominicains, est insignifiante dans son extérieur. L'intérieur cependant, d'un style gothique élégant et gracieux, avec trois nefs de la même hauteur, mérite bien l'attention. Il s'y trouve aussi un *tableau* moderne de *Schadow,* réprésentant l'assomption. Le cloître fut fondé en 1293 et apartient maintenant à la commune.

7. *L'église St. Jaques,* près de la porte St. Jaques, environnée de l'ancien cimetière, est située sur le point le plus haut de la ville. D'après la légende c'était une ancienne chapelle de chasse de Charlemagne.

8. *L'église St. Michel* (ancienne église des Jésuites) dans la rue des Jésuites, construite de 1618 jusqu'à 1628, possède un *tableau* de valeur de *Honthorst,* représentant une *Pieta.*

Citons encore les autres églises et couvents de la ville:

L'église et *Couvent* des *Christensiennes* sur le quai des capucins. Les réligieuses s'occupent à soigner les femmes malades.

L'église St. Etienne dans la rue Hartmann, fondée en 1673. Il y a un ancien béguinage.

L'église des Thérésiens dans la rue du Pont, inaugurée en 1748.

L'église des Alexiens sur le quai du même nom, fondée en 1683. L'ancien couvent de l'église sert maintenant comme maison d'aliénés incurables. Les frères laiques Alexiens nommés Bégardes qui leur donnent les soins, vont aussi en ville comme garde-malades et suivent les enterrements.

L'ancienne *église* et *couvent des Clarisses*, petite rue de Borcette, sont occupés maintenant par les soeurs Franciscaines, vouées à la garde des malades pauvres.

L'ancienne *église* et *couvent* des *dames-blanches* dans la rue St. Jaques, sont maintenant entre les mains des soeurs »de l'enfant Jésus,« qui s'occupent de l'enseignement élémentaire des filles pauvres.

L'église des Augustins, rue du Pont, près du marché, a été inaugurée en 1687. Le collége supérieur royal *(Gymnasium)* de la ville se trouve maintenant dans l'ancien couvent de l'église.

Le *couvent* et *l'église St. Léonard* dans la grande rue de Borcette, sert comme pensionat et école de jeunes filles sous la direction des soeurs

Ursélines. L'église possède un bon *tableau* (la naissance du Christ) par *Caspar Greiger* d'Anvers.

La nouvelle *église St. Marie* (dédiée à la conception immaculée) est située dans la *Wallstrasse* et fut commencée en 1859. Ce bel édifice d'un style gothique riche et élégant, construit entièrement au moyen de souscriptions volontaires, n'est plus loin de son achèvement. Il sera sans doute un des plus beaux monuments de la ville. Le plan a été fait par l'architecte Mr. *Statz* de Cologne.

La petite *église* gothique du *bon pasteur* (Berg) date également des dernières années. Elle fut construite par Monsieur *Stein*, architecte du gouvernement. Le couvent de l'église est destiné à la correction de filles perdues.

La nouvelle *église* et le *couvent* des *Jésuites* sont situés sur le Bergdrisch.

L'église protestante dans la rue Ste. Anne sert également au culte anglais.

Le nouveau *temple israélite* (Promenadenstrasse) est en construction; l'ancien, qui est trop petit pour les besoins actuels, se trouve sur le Hirschgraben.

L'hôtel de ville.

L'hôtel de ville, dont les fondemens furent posés en 1353 par le Bourguemestre Chorus, est un édifice dans l'ancien style allemand, qui mérite l'attention des étrangers à raison de son architecture grandiose et hardie: sa façade du nord, où l'on voyait jadis les statues des empereurs couronnés à Aix, a quelque chose d'imposant: elle est flanquée

de deux tours, celle de l'est porte le nom de *Granus*,
dont il sera encore fait mention, et celle de l'ouest
se nomme tour de la cloche ou du marché : sur la
première de ces tours veille un garde qui sonne
toutes les heures de la nuit, et donne l'alarme en
cas d'incendie ; dans l'autre se trouvent les cloches
et le grand horloge de la ville. La façade du sud,
donnant sur le Chorusplatz avec ses fenêtres irrégulières offrait auparavant un aspect un peu triste ;
maintenant elle est en partie couverte par la cage
du nouvel escalier, construite par l'architecte de la
ville Mr. *Ark*, et conduisant dans la grande salle.
Elle est exécutée avec beaucoup de goût dans un
style gothique pur et noble ; de ses balcons on a
une très belle vue sur la cathédrale.

L'hôtel de ville a trois étages voûtés, de hauteur et de profondeur bien proportionnés. On y
entre du côté du marché par un grand et beau
perron en pierre de taille. L'architecte de la ville
Couven, en jettant les fondemens de ce perron
en 1730, découvrit à une profondeur de 15 pieds,
un escalier circulaire, que sa situation et sa construction font juger d'une haute antiquité, et avoir
probablement appartenu au palais de Charlemagne *). Ce perron mène au premier étage qui
contient les bureaux et la salle dans laquelle l'as-
semblée communale tient ses séances. Le rez-de-

---

*) Le même architecte, et à la même époque, en faisant
poser la grande cuve en pierre noire de la fontaine de
la place du marché, découvrit à 10 ou 12 pieds de pro-

chaussée qui a une entrée directe du marché, ne contient que le logement du concierge.

L'étage supérieur ne fait qu'une seule salle de 162 pieds de longueur et large de soixante pieds, divisée par la construction de ses voûtes et quatre grands piliers dans toute sa longueur en deux moitiés. Cette salle servait aux grands banquets à l'occasion des couronnements des empereurs allemands jusqu'à Maximilien II. En masquant les intervalles formés par les piliers, on avait, il y a environ 150 ans, partagé cette belle salle en deux parties, dont celle du sud avait été subdivisée en plusieurs bureaux. L'autre moitié, encore racourcie des deux côtés, fut décorée en rococo dans le goût du siècle. Ça était encore une salle assez imposante, dans laquelle en effet s'est tenu le congrès de 1748. Ornée de tableaux, qui représentent les ministres ayant participé à cette grande oeuvre de paix, et qui se trouvent maintenant dans la salle communale, elle a encore servi au banquet qui fut donné par le roi Frédéric-Guillaume III aux princes réunis à l'occasion du congrés de 1818. Il y a environ vingt ans qu'on a senti qu'il était de la dignité de la ville de restaurer la salle dans ses anciennes et imposantes dimensions. La munificence de feu le roi Frédéric-Guil-

---

fondeur d'anciennes voûtes d'une solide construction: elles étaient en communication avec d'autres galeries qui se croisaient, et semblaient avoir rempli l'espace qu'avait occupé le palais de Charlemagne. On doit regretter qu'on n'ait pas poussé plus loin ces découvertes.

laume IV et la liberalité du comité des arts à
Dusseldorf sont venus à l'aide de la ville en lui
offrant les fonds nécessaires, et nous sommes heureux de pouvoir montrer maintenant l'ancienne *salle
des empereurs* dans sa grandeur originale. Le flanc
du nord est percé par un nombre de fenêtres hautes
et élancées, dont on jouit d'une belle vue sur le
spectacle animé du marché et les hauteurs qui en-
vironnent la ville. Ce flanc opposé et les deux côtés
sont ornés par une série de *peintures à fresque*,
exécutées d'après les cartons de *Alfred Rethel* *),
en partie par ce grand maitre même, en partie,
après sa mort regrettable, par Mr. *J. Kehren* de
Dusseldorf. Ces fresques représentent:

1. Le tombeau de Charlemagne ouvert par l'empereur
Othon III; 2. la chûte de l'Irminsul; 3. la bataille de Cordoue;
4. l'entrée de Charlemagne en Pavie; 5. le baptême de Witte-
kind dans la Chapelle du palais d'Aix-la-Chapelle; 6. le couronnement de Charlemagne à Rome; 7. la construction de la
cathédrale d'Aix-la-Chapelle; 8. l'abdication de Charlemagne et
le couronnement de son fils Louis.

Les quatre premiers de ces tableaux, executés
par Rethel, diffèrent des autres par un colorit beaucoup plus moderé dans le style des anciennes fresques.
Les jugements se partagent en accordant sous le point
de vue de cette différence marquée, le prix à l'une
ou l'autre moitié des peintures; mais tous sont d'ac-
cord pour les placer sans exception parmi les plus
grands chefs-d'oeuvres de l'art moderne, tant pour
l'exécution, que surtout pour la composition. La

---

*) Né en 1816 à Aix-la-Chapelle, mort en 1859 à Dusseldorf.

vigueur grandiose des formes et l'expression des figures surpassent peut-être tout ce que notre temps a créé dans ce genre. L'ornement des voûtes et des piliers, dont on est occupé, va bientôt achever la restauration complète de la superbe salle.

La *salle communale* de l'hôtel de ville contient une *collection* de *tableaux historiques,* qui mérite l'attention. Là se trouvent entre autres, comme nous l'avons dit, les portraits des ministres qui ont assisté au congrés de paix de 1748 (ceux du Prince de Kaunitz et de Lord Sandwich ont le plus de ressemblance), deux grands et très-beaux portraits de Napoléon et Josephine — un cadeau de l'empereur — peints par Bouchet et Lefevre, un portrait du roi Frédéric-Guilleaume III, et le plus ancien portrait existant de Charlemagne.

La restauration de la *façade extérieure* de l'hôtel de ville, commencée en 1853 et interrompue pendant plusieurs années a été reprise dans les derniers temps. Il est donc à espérer que ce beau monument sera bientôt rendu à la ville dans un état tout à fait digne des souvernirs historiques qu'il éveille et du haut interêt qu'on y porte.

En face de l'hôtel de ville, sur le marché, s'elève une belle fontaine, dont les eaux retombent dans un large bassin de bronze, surmonté de la statue de Charlemagne. Ce bassin de bronze a été fondu ici en 1620 et pèse 12,000 livres.

Le „Gras" ou la halle aux blés.

Sur le marché aux poissons, près de la cathédrale se trouvent les restes d'un ancien bâtiment, nommé vulgairement le „Gras." La façade très curieuse de cet édifice est ornée de statues des sept électeurs. Suivant une inscription il a été bâti sous Richard de Cornwallis. On dit qu'il a servi auparavant comme maison civique. Il est constaté que plus tard et pendant plusieurs siècles il a été prison de la ville. Les criminels ont été décapités dans la cour. Maintenant s'y trouvent les grands magasins de blé de la ville. Il est à espérer que cet édifice d'un grand interêt historique sera restauré.

Le théâtre.

La première pierre du théâtre fut placée le 16 novembre 1822. A la fin de 1823, le bâtiment fut sous toit. Cet édifice, construit sous la direction de l'architecte du gouvernement, Mr. *Cremer*, à 208 pieds de long, 83 de large et 63 de hauteur. Le portail et la façade sont d'un ordre jonique octostyle, et d'un très-bel effet: les colonnes qui soutiennent le frontispice sur lequel on lit cette inscription; *Musagetae Heliconiadumque Choro* (à Apollon et au choeur des neuf muses) sont en pierres colossales et d'un bon style. L'intérieur répond au caractère imposant de l'extérieur. La scène est vaste, et la salle peut contenir 1500 spectateurs. Le foyer est grand et bien décoré; dans le rez-de-chaussée se trouve un café-restaurant. On met beaucoup de soins pour que les réprésentations théâtrales

soient dignes du bel édifice, dans lequel elles ont
lieu. Pendant la saison d'été il y a ordinairement
opéra quatre fois la semaine. En hiver on joue
principalement la comédie et la tragédie. Très souvent il se présente l'occasion de voir sur la scène
des artistes du premier rang.

Le théâtre est situé sur l'ancien emplacement du couvent des Capucins, aboutissant d'un côté aux boulevards, et de
l'autre à la rue du théâtre. Cette rue, avec des trottoirs de
12 pieds, composée de maisons nouvellement bâties et toutes
d'un bon style, et du plus bel effet, ne déparerait aucune
capitale; elle se joint à un faubourg entièrement de constructions neuves qui aboutit à la station du chemin de fer rhénan.

La fontaine Élise.

La fontaine Élise est située sur la place Frédéric-Guillaume. La façade de cet édifice est dans
le style dorique, sur une longueur de 266 pieds. Au
milieu s'élève une rotonde de 46 pieds de hauteur,
dont le toit couvert en zinc est surmonté d'une
pomme de pin dorée. La rotonde s'ouvre à droite
et à gauche sur deux galeries ouvertes qui servent
de promenade aux buveurs, et conduisent à deux
pavillons; dans celui de l'aile gauche est établi un
café-restaurant, l'autre sert à des expositions publiques
etc. et en été pour servir du petit lait. Au centre
de la rotonde se trouve le *buste* de S. M. la reine-
douairière Élise de Prusse, exécuté en marbre blanc
par le célèbre sculpteur *Tieck* de Berlin. L'eau
qui alimente cette fontaine est tirée du bain de l'empereur, et y est conduit par un canal de 620 pieds:
malgré cette distance l'eau minérale qui au bain

de l'empereur a une chaleur de 44 degrés de R., a encore, arrivée à la fontaine, 41 degrés ½. De la colonade droite on entre dans un charmant jardin qui offre aux étrangers une agréable promenade pendant qu'ils boivent l'eau de la fontaine.

Pendant la saison l'orchestre de la ville joue tous les matins de 7 à 8 heures dans le jardin; le soir il y a très souvent des réunions avec musique et illumination etc.

Le jardin est ouvert depuis 6 heures du matin jusqu'à 9 heures du soir.

Le Kurhaus ou la nouvelle Redoute.

Il est situé sur le Comphausbad. C'est un vaste bâtiment, construit avec goût vers la fin du siècle passé. La salle magnifique au premier qui occupe toute la profondeur du bâtiment, ainsi que les salons latéraux, offrent aux étrangers tout le comfort possible. Ils y trouvent un cabinet de lecture richement fourni. Chaque après-midi de 3 à 5 heures il y a grande harmonie, executée par l'orchestre de la ville dans le beau jardin du Kurhaus. Dans un coin de ce jardin se trouve l'ancienne fontaine d'eau thermale, qui a été nouvellement restaurée. Les salons et le jardin du Kurhaus sont le rendez-vous ordinaire des étrangers. Pour avoir entrée au Kurhaus et au jardin de la fontaine, on s'abonne à un prix modique pour toute la saison, ou par mois, ou l'on prend des cartes par jour au bureau qui se trouve dans le rez-de-chaussée. Les cartes d'abonnement donnent aussi droit aux bals, concerts, soirées dansantes qui ont lieu au Kurhaus, de même qu'aux brillantes fêtes

champêtres que l'administration arrange dans les
environs de la ville. — On s'occupe maintenant de
bàtir une nouvelle salle de concert dans le fond du
jardin. — Le restaurant du Kurhaus occupe le par-
terre de l'édifice. — Tout près du Kurhaus est la
vieille Rédoute, dans laquelle se trouve la Bibliothèque de la ville, qui est ouverte aux étrangers journellement pendant plusieurs heures.

Tarif de l'abonnement: par personne pour 15 jours 2
Thlr.; pour un mois 3 Thlr.; pour la saison 5 Thlr. Pour
chaque enfant au-dessous de dix 10 ans 1 Thlr., 1½ et 2 Thlr.
Les cartes pour un jour se payent à 5 Sgr.

L'hôtel de la régence.

Cet édifice, situé sur la place du théâtre, fut
construit en 1828, dans un style simple et beau,
avec une façade de 138 pieds de longueur.

Dans la cour de l'hôtel se trouve une *masse
informe de fer* pesant 7400 livres. Elle fut découverte en 1762 par le docteur Leber, médecin de
l'électeur de Saxe pendant qu'on levait le pavé de
la rue dite Büchel, resta quelques années exposée
dans la rue et fut de nouveau enterrée. Le docteur
Leber en avait emporté quelques fragments, qu'il
fit polir, et il trouva que pour la finesse du poli,
ils ne le cédaient pas à l'acier anglais. En 1814
cette masse fut de nouveau déterrée et placée dans
là cour de l'hôtel de la régence. Quelques-uns ont
cru voir dans cette masse un résidu d'ancienne
fonte. Cette opinion n'est pas partagée par feu le
Dr. Monheim, dont les ouvrages scientifiques sur
l'analyse chimique des eaux et la géologie d'Aix-

3

la-Chapelle jouissent d'une juste reputation, et qui affirme que jamais il n'a existé de haut-fourneau à Aix-la-Chapelle. Il trouve beaucoup plus vraisemblable, que c'est une production naturelle. D'après lui la masse consiste de fer, avec 15 % d'arsénique et on est généralement d'opinion, que c'est un *aërolithe*.

Le palais de Charlemagne.

En parcourant l'ancienne cité de Charlemagne, l'étranger demandera où résidait ce puissant Monarque, à juste titre appelé le grand; hélas, il n'en reste plus que de faibles traces!

Le palais, construit par l'empereur dès l'année 778, a été frappé peu à peu d'un triste sort. Vers la fin du neuvième siécle, il fut deux fois pillé et dévasté par les Normans. En 978 le roi Lothaire de France se rendit coupable du même vandalisme. Cependant il en resta encore des parties habitables dont les empereurs se servaient pendant leur séjour à Aix-la-Chapelle. Enfin les deux grandes incendies du 12me et 13me siécle détruirent complètement ce qui restait encore du grand édifice, et c'est à peine par les travaux savants des derniers temps que nous connaissons assez bien la situation et l'étendue de cette grandiose résidence impériale.

Le palais Carolingien qui occupait la hauteur et la pente orientale et méridionale de la colline du marché, se partageait en trois parties principales qu'on reconnait encore facilement, malgré les révolutions et les dévastations d'une dizaine de siécles: 1. la résidence impériale qui occupait le sommet de la colline, à peu près la place de la présente maison de ville; 2. les bâtimens de devant et les bains qui s'étendaient plus bas sur les pentes mentionnées, et 3. le grand parvis qui avançait plus loin vers le sud et sur lequel était situé la chapelle du palais, la cathédrale actuelle. Les bâtimens du château supérieur se partageaient en un aile de l'est et un aile de l'ouest; le premier était habité par la famille impériale; dans l'autre se trouvait la grande salle destinée aux fêtes et aux grandes réceptions. Cette salle principale du palais communiquait avec un portique qui réunissait le palais à l'église, et dont la tour demi-circulaire, (occidentale) de la maison de ville actuelle et la cage de l'escalier de la cathédrale formaient les points extrêmes. L'entrée du palais supérieur se trouvait au milieu entre les deux ailes, probablement à côté de la tour, appelée tour Granus.

On peut encore indiquer exactement les bornes de ce palais, parceque derrière les maisons de la façade de l'est du marché les restes d'un vieux mur, qui a une ligne de consoles, lesquelles paraissent avoir soutenu une voûte de balcon, sont encore visibles: la continuation de ce mur est dans la même direction du sud au nord, le long de la rue Mostard, à gauche en descendant vers la rue Porte-neuve.

A l'angle sud-ouest de l'hôtel de ville, au point où s'y attache la tour demi-circulaire de l'ouest, on voit une arcade et les murs qui appartenaient évidemment au palais. Les murs extérieurs de l'ancien théâtre, maintenant une école publique, sont construits à l'ouest de fragments de bâtimens plus anciens, et vraisemblablement sur d'anciens fondements.

La place plus basse du palais est celle qui se trouve derrière l'hôtel de ville, et nommée *Chorusplatz*; c'est un carré presque régulier, sans aucunes traces d'anciennes constructions: on suppose que cet emplacement servait aux joutes et tournois, et qu'il existait une avant-cour qui d'un côté s'avançait jusqu'aux bains, et de l'autre jusqu'aux bâtimens du sud du marché.

Il résulte, enfin, de la situation et de l'ensemble du palais impérial, que l'ancien Aix-la-Chapelle, ou la ville intérieure, ne consistait que dans l'espace compris dans les limites du vieux palais; donc ce qui était au dehors formait les faubourgs.

Hôpitaux et institutions de bienfaisance.

L'hospice dit des *Thérésiens*, rue du Pont, fondé en 1803 pour être un asile pour des vieillards indigens des deux sexes, nourrit et entretient 200 individus, sous la direction des excellentes soeurs grises de l'ordre de St. Borromée.

Dans la même localité, qui porte aussi le nom *Institution Joséphinienne* (d'après la première épouse de Napoléon, qui était une bienfaitrice de cet établissement), se trouve la *maison des orphelins* sous la direction des soeurs de charité de Nancy.

Les malades pauvres, autrefois distribués dans les hôpitaux de St. Marie et St. Elisabeth, sont maintenant réunis dans le grand hôpital: *Maria-Hilf*, qui se trouve hors de la ville entre les portes

de Cologne et de Sandkaul, tout près de la promé-
nade. Ce vaste édifice d'un beau style, construit
d'après le modèle du célèbre hôpital Béthanien à
Berlin par l'architecte de la ville, Monsieur Ark,
fut achevé en 1854; il est parfaitement organisé
pour contenir près de 400 malades, qui y trouvent
les soins les plus recherchés et les plus bienveillants
sous la direction des soeurs de St. Elisabeth et des
médecins de l'établissement. Plusieurs apartements
de cet hôpital vraiment-modèle sont reservés pour
des malades payants qui en veulent profiter.

L'hôpital St. Vincent, en faveur des incurables,
fut fondé par feu le Dr. J. P. J. Monheim. Il se
trouve maintenant dans les localités de l'ancien
hôpital de St. Elisabeth. (Placé de la cathédrale.)

La ville posséde encore un asile pour les
alienés incurables, un institut pour l'éducation des
sourd-muets (Trichtergasse) et une maison d'accouchement pour les pauvres (rue Bendelstrasse).

Tous ces établissements sont richement dotés
par de nobles bienfaiteurs, qui ont cherché à adoucir
le sort des pauvres. Ils sont sous l'administration
d'une commission spéciale.

Industrie et Commerce.

Charlemagne qui, outre les soins tout particuliers qu'il donnait à l'agriculture, ne négligeait ni l'industrie ni le commerce, fit venir des artistes et des artisans à Aix-la-Chapelle, et y établit une foire long-temps avant qu'il y en eût une à St. Dénis. La ville neuve qui s'était élévée autour de l'ancienne, en 1172, était principalement habitée par des fabricans en laines et par des artisans.

Les drapiers d'Aix-la-Chapelle qui déjà au 14me siècle avaient des comptoirs à Vénise et à Anvers, ont su maintenir leur supériorité dans tous les temps. Depuis l'invention des machines et surtout dans la dernière trentaine d'années les manufactures de draps et d'étoffes de laine ont pris un développement extraordinaire et leurs fabricats jouissent de la plus haute réputation sur tous les marchés du monde.

Les manufactures d'aiguilles d'Aix et de Borcette fleurissent depuis 270 ans; les aiguilles qu'elles fournissent au commerce sont rénommées, et entrent en concurrence avec celles d'Angleterre. La manufacture d'épingles a été importée par un Alsacien, nommé Jecker, en 1804.

Quoique ces anciennes branches de l'industrie Aixoise restent toujours les plus importantes, on ne s'y borne plus. Chaque année voit naître un grand nombre de fabriques, qui s'occupent en outre de la fabrication des machines et autres objets en fer, d'usines, de rails, de cardes, de voitures, de papiers

teints, de produits chimiques, de filatures etc. etc.
Nous devons ajouter encore une fabrique d'étoffes
de velours et de soies, et une grandiose manufacture de glaces. En général l'industrie de la ville
prend d'année en année un plus grand essor et
assure même dans les pays les plus lointains à
Aix-la-Chapelle le renom d'une des premières villes
manufacturières.

Les étrangers qui s'intéressent aux différentes
industries, peuvent très-facilement être introduits
dans la plupart de ces établissements. Surtout dans
les manufactures de draps et d'aiguilles on se fait
un plaisir de leur montrer toutes les manipulations
de la fabrication.

Le commerce de la ville, quoique également
florissant, n'a pas autant d'importance, vu qu'il se
borne principalement à pourvoir aux besoins de la
ville et des environs.

**Établissements publics. — Instruction. — Musées. — Collections
d'objets d'histoire naturelle. — Bibliothèques. — Sociétés particulières. — Divertissements. — Concerts etc. etc.**

Poste royale, rue St. Jaques Nro. 23. Les bureaux sont
ouverts de 8 heures du matin jusqu'à 8 heures du soir; les
dimanches et jours de fête de 8 à 9 heures du matin et de 5
à 8 heures du soir.

Boîtes aux lettres: à la fontaine Élise; au Kurhaus; à
l'hôtel de ville; à l'hôtel du gouvernement; aux stations des
chemins de fer et dans les principales rues.

Douane, place de la station Nro. 3.

Direction de police (et bureau des passe-ports), rue du
Pont Nro. 13.

Tribunal (palais de justice), grande rue de Cologne Nro. 37.

Bureau télégraphique, dans la station du chemin de fer rhénan-belge.

Bureau des voitures à louer (fiacres), rue St. Pierre Nro. 42.

Extrait du tarif: Une course dans la ville pour une à deux personnes 5 Sgr., pour trois personnes 7¹/₂ Sgr., pour quatre personnes 10 Sgr. (de 10 heures du soir jusqu'à 6 heures du matin le double.) Bagage par personne 2¹/₂ Sgr.

Course par heure 12¹/₂, 15 et 17¹/₂ Sgr. (au-dessus de 2 heures 10, 12¹/₂ et 15 Sgr. par heure.)

Course jusqu'à *Frankenberg* etc. 10, 12¹/₂ et 15 Sgr.

Course jusqu'à *Louisberg, Tivoli, Haaren* etc. 15, 18 et et 21 Sgr.

Course jusqu'à *Schönthal, Trimborn, Linzenshäuschen, Ronheide, Kaisersruhe* etc. 20, 24 et 28 Sgr.

Course jusqu'à *Bois de Pauline, Wilhelmstein* etc. 30, 35 et 40 Sgr.

Course jusqu'à *Stolberg, Cornelimünster, Altenberg, Rolduc* etc. 45, 52¹/₂ et 60 Sgr.

Bureau de facteurs (Packträger-Institut), rue Edelstrasse Nro. 12.

Extrait du tarif: une course dans la ville inclus bagage jusqu'à 10 livres 1 Sgr., jusqu'à 50 livres 1¹/₂ Sgr., jusqu'à 100 livres 2 Sgr., jusqu'à 200 livres 3 Sgr. Les courses extra-muros (faubourgs) se payent rélativement à 1¹/₂, 2¹/₂, 3 et 4 Sgr. Employement comme guide, garde-malade etc. etc. par heure 3 Sgr., par jour 15 Sgr., par nuit 20 Sgr., par jour et nuit 1 Thlr.

Service protestant tout les dimanches à 10 heures du matin et 3 heures après-midi.

Service anglais tous les dimanches à 12 heures du matin.

Collège supérieur royal (Gymnasium), rue du Pont Nro. 7.

École normale supérieure (Realschule) et *École provinciale d'industrie (Provinzial-Gewerbschule)*, place de cloître Nro. 13.

Collège de la cathédrale (Domschule), dans le cloître de la cathédrale.

École de dimanche pour les ouvriers, rue St. Jaques Nro. 58.

La ville possède encore *huit écoles secondaires parois-sales*, *une école protestante* (rue Ste. Anne Nro. 23), *une école israélite* (rue Seilgraben Nro. 11) et plusieurs écoles particulières.

Il y a trois pensionnats de demoiselles, tenues par les Dames *Wagenknecht* (rue de la station Nro. 22), *Morath* (coin de la rue haute et rue du Casino) et les Dames *Urselines* de *St. Léonhard* (grande rue de Borcette Nro. 64) et deux *pensionnats de garçons*, tenus par Mrs. le *Dr. Klapper* (rue St. Jaques Nro. 15) et le *Dr. Rovenhagen* (rue Schildstrasse Nro. 5.)

Parmi les *collection de tableaux* nous citons d'abord la *galérie Suermondt*, (propriétaire: Monsieur *B. Suermondt*, rue St. Adalbert, Nro. 55), qui excelle surtout dans les écoles espagnole et hollandaise. Elle contient des tableaux de Ambrogio Lorenzetti, Albani, Lucas Cranach, Rubens, van Dyck, Teniers, Rembrandt, Metsu, Jan Steen, Ruysdael, Hondekoeter, Velasquez, Murillo, Léopold Robert etc. etc. „La galérie de Mr. B. Suermondt (dit Mr. W. Burger *) dans sa description) a deux caractères fort distinctifs: on y trouve quantité d'oeuvres intéressantes pour l'histoire de l'art, — et plusieurs oeuvres d'une originalité toute exceptionelle, qui passionne les vrais artistes." Les collections de tableaux de Mr. *H. Beissel* sen. (rue Buchel Nro. 19) et de Mr. *J. van Houtem* (rue haute Nro. 37) sont moins grandes, mais également très-intéressantes.

Les *collections d'estampes* anciennes et modernes de Mr. le *Dr. Straeter* (place Frédéric-Guillaume Nro. 4), de Mr. *F. Thomas*, peintre (rue St. Anne Nro. 4) et de Mr. *J. Coopmann*, magasin d'horloges (Holzgraben Nro. 4), les riches collections numismatiques de Mr. *Claessen-Senden*, rentier (Alexianergraben Nro. 22) et de Mr. le conseiller *Emundts* (Verbindungsweg Nro. 5) méritent une mention spéciale.

---

*) Galérie Suermondt à Aix-la-Chapelle par W. Burger, avec le catalogue de la collection par le Dr. Waagen, directeur du musée de Berlin. Bruxelles 1860.

Parmi les *collections d'objets d'histoire naturelle* nous citons:

1. La très-belle *collection géognostique-paléontologique et botanique* de Mr. le *Dr. J. Müller sen.*, Seilgraben 42.

2. La *collection géognostique-paléontologique* de Mr. le *Dr. Debey*, rue St. Jacques Nro. 104.

3. La *collection entomologique* et *botanique* (cryptogames) de Mr. le Professeur *Dr. Förster*, grande rue de Borcette Nro. 23.

4. La *collection minéralogique* et *botanique* de Mr. *V. Monheim*, Bendelstrasse Nro. 25.

5. La *collection botanique* de Mr. *Kaltenbach*, Chorusplatz Nro. 3.

6. La *collection de papillons indigènes* de Mr. *Branchard*, rue St. Michel Nro. 3.

Le *collège royal* et *l'école normale* possèdent des *collections d'instruments de physique*, *l'école d'industrie* a un excellent *laboratoire*.

La *Bibliothèque de la ville* (spécialement histoire et sciences naturelles) qui se trouve dans la vieille rédoute, rue Comphausbad Nro. 11, est à la disposition des étrangers. Un petit *musée d'antiquités du moyen-âge*, coulées en plâtre, a été fondé par Mr. *Ark*, architecte de la ville et contient surtout des objets qui se rattachent à l'histoire de la ville. La bibliothèque est ouverte journellement de 11 à 1 heure du matin.

Les *bibliothèques* du *gouvernement*, du *collège royal* et de *l'école normale* sont richement fournis.

Mr. le *Dr. Müller sen.*, propriétaire d'une belle *bibliothéque* principalement de la branche *paléontologique*, la met volontièrement à la disposition des étrangers, qui lui sont recommandés.

La bibliothèque de la société des médecins se trouve rue St. Adalbert Nro. 20.

Cabinet de lecture et *livres en location* chez Monsieur J. A. Mayer, libraire, rue Büchel Nro. 43.

Location de musique chez Mr. Th. Naus, rue Büchel Nro. 47.

Parmi les *sociétés musicales* nous devons citer la *Lieder-
tafel* (rue St. Adalbert dans le restaurant Bernarts) et la *Con-
cordia* (salle du théâtre) sociétés de chant, et la *société* pour
l'exécution de musique instrumentale (dans la grande salle de
la société Erholung.) La première se réunit les *samedi*, la seconde les *jeudi*, la troisième les *mardi*. Les étrangers y sont
facilement introduits.

Les *concerts*, qui ont lieu de temps en temps dans le
Kurhaus, se distinguent par leur goût et leur perfection. *Opéra*
quatre à cinq fois par semaine. Les *bals* du *Kurhaus* ont lieu
tous les samedis pendant la saison et plusieurs fois en hiver.

Les principales *sociétés privées (clubs)* de la ville, au-
quels les étrangers sont admis (introduits par un des membres, ou en s'adressant à leurs présidents), sont le *Casino*, place
du théâtre, la société *Erholung*, en face de la fontaine Élise
et la société *für gesellige und wissenschaftliche Unterhaltung*,
dans la vieille Redoute, près du Kurhaus.

Les *jardins* et les *serres* de Mr. *J. A. Bischoff*, pré-
sident du tribunal de commerce (Capucinergraben Nro. 17) et
de Mr. *H. Deusner* (rue haute Nro. 45) sont ouverts aux étrangers introduits chez ces Messieurs.

Le *manège* de Mr. *Rensing* se trouve sur le Adalberts-
wall Nro. 5. On y prend aussi des chevaux en pension et on y
loue des chevaux par jour ou par heure. *L'école de natation*
se trouve un peu éloignée de la ville hors de la porte St. Jaques.

Hôtels, restaurants et Cafés.

Les hôtels d'Aix sont renommés par leur excellent service, ils sont presque tous richement fournis, et se recommandent par leur bonne table d'hôte.

Les principaux sont: *l'hôtel du grand monarque*, près des bains, sur le Buchel; et *l'hôtel Nuellens*, vis-à-vis de la fontaine Elise, les deux propriété de Mr. *Dremel*; *l'hôtel de l'empereur*, tenu par Mr. *Habets*; Edelstrasse; *l'hôtel Frank, à la belle vue*, sur la place Frédéric Guillaume; *l'hôtel de la couronne impériale*, tenu par Mr. *Hoyer*, rue Alexandre; *l'hôtel du dragon d'or*, tenu par Mr. *Müllem*, et *Veuve Dubigk's grand hôtel*, sur le Comphausbad; *l'hôtel de l'Eléphant*, tenu par Mr. *Schlemmer*, vis-à-vis du jardin de la fontaine Elise; *l'hôtel du roi d'Espagne*, petite rue de Borcette; *l'hôtel Horstmeyer*, rue haute; enfin *l'hôtel du chemin de fer* et *l'hôtel royal*, près de la gare du chemin de fer.

Toutes les *maisons de bains* sont également des hôtels garnis; on y trouve tout le comfort et l'élégance des autres hôtels. Nous en donnons ici la liste:

Bain neuf et *Bain de l'empereur* (en construction), sur le Buchel; *Bain de la reine d'Hongrie*, Edelstrasse. *Bain St. Quirin*, Hofplatz, les *bains de la rose*, de *St. Corneille*, de *St. Charles*, rue Comphausbad, où se trouve également le bain des pauvres. On parlera encore dans la partie médicale de ces établissements.

L'hôtel garni (et *bains ferugineux*) de Mr. *de Gericke* est situé rue de théâtre; et *l'hôtel garni* de Mad. *Broudlet*, rue Comphausbad Nro. 15.

Les étrangers, qui préfèrent des logis particuliers, en ont le choix dans presque toutes les rues de la ville.

Les principaux *restaurants* (et *cafés*) sont ceux de Mr. *Eydens*, fontaine Élise, de Mr. *Weber* au Kurhaus, de Mr. *Giesen* (au „*Klüppel*"), place Frédéric-Guillaume, de Mr. *Bernarts* (grande salle de concert), rue St. Adalbert, de Mr. *de Gericke*, rue du théâtre, *le café litéraire*, rue Comphausbad etc.

Bière de Bavière chez Mr. *Fausten*, rue Wirichsbongard, chez Mr. *Vontz*, rue haute et au „*Bierkeller*," hors de la porte de Sandkaul, près du Lousberg.

Promenades et environs d'Aix-la-Chapelle.

Il existe dans la ville et hors de la ville beaucoup de promenades agréables. Dans l'intérieur, les plus fréquentées sont celles des boulevards, qui se prolongent depuis la rue de St. Pierre jusqu'à la rue St. Jaques, et sur lesquelles se trouvent la fontaine Élise, et le théâtre; hors la ville, les anciens fossés ont été comblés et convertis en un jardin anglais qui se prolonge depuis la porte St. Adalbert, jusqu'au pied du Lousberg.

Le *jardin de l'hôpital „Maria-Hilf,"* séparé des promenades seulement par la route devant la porte de Cologne, en est le plus beau complément. Ce vaste parc s'étend derrière l'hôpital jusqu'à la hauteur de la colline, dite: *Weingartsberg,* couronnée par un petit temple, dont on jouit d'une vue ravissante sur la ville et ses environs riants.

Le *Lousberg.* Cette montagne, située tout près de la ville, entre les portes de *Sandkaul* et du *Pont,* était au commencement de notre siècle stérile et même d'un difficile accès. On en a fait depuis 1807, une promenade, ornée de belles plantations. Son sommet s'élève à 890 pieds au dessus de la surface de la mer. Un pavillon assez étendu, dit *Belvedère,* où un café-restaurant est établi, renferme plusieurs belles salles. C'est un point de réunion habituel de la bonne société pendant la saison. D'excellents chemins, tant pour aller à pied, qu'à cheval, ou en voiture, y conduisent. La vue dont on jouit de cette hauteur, est une des plus belles, qui existent dans toute la contrée. Pour en jouir parfaitement, il faut monter jusqu'à la pyramide, qui se trouve au sommet, et qui fut placée pendant l'empire français, comme point de départ de calculs trigonométriques.

Au sud, le regard plane sur la ville, ses principaux édifices et ses antiques tours, avec une partie de Borcette, à gauche, sur Trimborn, les ruines du château de Schönforst et autres maisons de plaisance: l'oeil suit ensuite la route alignée de Montjoie, par Cornelimünster, à travers la forêt de Schönforst jusqu'à Brand; la forêt de Monjoie, et le haut Veen s'élèvent à cette extrêmité et bornent l'horison; à droite, le bois d'Aix-la-Chapelle percé par le chemin de fer qui delà par un tunnel passe en Belgique, et plus loin à l'ouest, Vaels, village Hollandais; un peu plus au nord, on voit sur la hauteur la paroisse de Laurensberg, et derrière le Vetschauerberg et son moulin à vent; plus au nord encore on découvre le Bergerwald, et à l'est les paroisses de Würselen, de Haaren, de Verlautenheid et d'Eilendorf avec le Reichswald, et les fertiles plaines du pays de Juliers. Tout ce panorama présente un mélange de hauteurs avec leurs fertiles vallons, leurs ruisseaux, leurs belles forêts, leurs prairies, leurs jardins, leurs champs, leurs étangs etc. De tous ces vallons celui de Soers est le plus agréable, il est au pied du Lousberg et présente le tableau le plus pittoresque par la variation de ses étangs, de ses campagnes bien cultivées, de ses boccages, de ses métairies et de ses maisons de plaisance.

Le *Salvatorsberg* (le mont du Sauveur) au sudest du Lousberg, qui en est séparé par un petit vallon: sur cette hauteur existent une ancienne église, et une maison de ferme. L'empereur Louis le débonnaire passe pour être le fondateur de cette église. Othon III y fonda en 997 un couvent de réligieuses, qui furent plus tard transférées à Borcette.

Frankenberg, ancien château du XIIIme siècle, maintenant restauré, selon la légende le rendez-vous de chasse de Charlemagne, est situé à un quart d'heure de la ville, à l'est de Borcette. Le chemin ordinaire y mène de la rue haute d'abord en ligne droite, d'où prenant à gauche on passe le ruisseau de Felsbach, et suit un sentier entre des haies. Quoique presque atteint par les maisons et fabriques, qui s'étendent de plus en plus de ce côté des deux villes voisines, le vallon qui enferme le château Frankenberg, situé sur un petit rocher et entouré d'eau, a su retenir toute sa solitude et sa poésie primitive. La vue du château même, dont rien qu'une vieille tour, couverte de lierre, n'a été conservée des plus anciennes constructions, a quelque chose de romantique, qui n'est pas seulement l'effet des légendes qui s'y attachent. Vrai ou non, que ce soit ici, que l'illustre empereur ait bâti un château de chasse, où il aimait à se rendre après ses travaux fatiguants, les souvenirs de Charlemagne sont tellement entrelacés avec ce château, que l'esprit rêveur ne sait s'en débarasser. Une des plus belles légendes se rattache à l'étang, qu'on dit avoir été autrefois un grand lac. C'est après la mort de *Fastrada*, l'épouse de Charlemagne, que l'empereur n'osa se séparer du corps de l'impératrice. Pour le guérir de cette fascination, on jeta l'anneau magique qu'elle porta, dans le lac, et de-

puis ce temps l'empereur resta fixé dans cet endroit
comme par un charme. Des jours entiers, il regar-
dait dans le lac, qui jusqu'à ce jour porte le nom
romantique de *lac de Fastrada* (voir les légendes).
— La terre appartient maintenant aux héritiers du
baron *de Coels*, qui fit reconstruire le château. — Il
y a encore différents chemins agréables qui mènent
de la ville à Frankenberg à travers les prairies.
Celui de Borcette va sous les arcs du *Viaduct du
chemin de fer rhénan*, pont remarquable et imposant
de 892 pieds de longueur et 72 pieds de largeur,
qui s'elève sur la vallée du Wurm.

Non loin de Frankenberg sort une source d'eau
chaude et se jette dans le ruisseau; on l'apelle le
„*Pockenpützchen*" et le peuple aime à s'en servir
pour prendre ses bains en plein air.

Trimborn. Un chemin opposé à la porte principale du château de Frankenberg mène, en un
quart d'heure à ce petit bois agréable (propriété de
Mr. *H. Scheibler*) avec ses promenades ombragées
et sa tranquilité serène et paisible. A travers le bois
on a des vues délicieuses sur les environs. Il y a
plusieurs antiquités, entre autres un sarcophage d'une
large dimension, que l'ancien propriétaire de ce bois
y a placé. La porte d'entrée est une ruine artifi-
cielle, construite des débris d'une ancienne chapelle
appartenant à la cathédrale d'Aix. Trimborn est
pendant les chaleurs de l'été un des séjours les plus
agréables, et beaucoup fréquenté par les habitants
de la ville. On y trouve des rafraichissements.

Tivoli, un beau jardin avec restaurant qui se trouve derrière le Lousberg sur la route devant la porte de Sandkaul.

Kaisersruhe (repos de l'empereur), un peu plus loin, à $^3/_4$ de lieue de la porte. Cet endroit se distingue par son parc, ses plantations, ses serres chaudes et par la vue magnifique qu'on a du haut du belvédère. Dans le fond le *Scherberigerberg* avec d'énormes couches de gravier. La propriété appartient à Mr. *de Fisenne,* vieillard aimable, dernier chanoine de St. Adalbert et de l'ancien chapitre impérial de la cathédrale. La terre doit son nom à l'empereur Alexandre I qui durant le congrès de 1818 la visita souvent.

Le *bois de Pauline* (autrement dit *Bergerbusch*) est un bois de chênes et de hêtres, situé à l'issue de la belle vallée de Sörs, derrière le Lousberg. Il doit son nom à la princesse Pauline, soeur de l'empereur Napoléon I qui affectionnait particulièrement cette promenade pendant son séjour à Aix-la-Chapelle. L'agréable fraicheur de ce bocage, animé par une foule d'oiseaux chanteurs, y attire les promeneurs dans les grandes chaleurs d'été. Les chemins en sont beaux, et offrent de belles échappées de vue. Le fermier du chalet qui se trouve dans le bois, tient un restaurant. Les bâtiments qui existent au Bergerbusch, ont été occupés pendant quelque temps par des Trapistes qui se sont rendus depuis en France. Le bois appartient depuis quelques années à Mlle. *Ad. Cockerill* qui le met très-obligeamment à la disposition des promeneurs.

Tout près du bois de Pauline, dans la vallée du *Wurm*, se trouve la *Wolfsfurth* (gué du loup), grande fabrique de drap, et jardins à Mr. *Kuetgens*. On fait une belle excursion en partant de là le long du Wurm jusqu'au moulin dit *Adamsmühle*; la continuation de ce chemin mène à *Bardenberg*, village remarquable par ses riches houillères.

Wilhelmstein, près de Bardenberg, à une lieue et demie de la ville. Les personnes qui n'aiment pas faire de longues promenades à pied, peuvent très-bien parvenir à cette ruine intéressante par le chemin de fer de Dusseldorf, dont la première station près d'Aix-la-Chapelle *Kohlscheid* (village situé dans le centre des houillères) y mène très vite. Ce sont les débris d'un château du 13me siècle, bâti par un comte de Juliers; on y voit une inscription curieuse en caractères de Runes, non déchiffrée jusqu'à ce jour. Le passage qui entoure cette place, est vraiement un des plus pittoresques. La vallée du *Wurm* qui s'ouvre devant le spectateur, semble avoir été dans les temps reculés le bassin d'une rivière plus large. On peut y avoir quelques raffraichissements. Les mines de charbons qui se trouvent en masse dans le voisinage, sont accessibles aux personnes qui s'intéressent pour cette branche industrielle. Les houillères sont très-intéressantes pour les géologues et minéralogues. On y trouve des empreintes de plantes fossiles, des cristaux de roche et de la chaux carbonatée cristalisée etc. et beaucoup de minéraux rares.

Schönforst, ancien château du 13me siècle, en ruines et environné de fossés, à ³/₄ de lieue d'Aix-la-Chapelle. En 1396 ce château qui appartenait à Reinard, Seigneur de Sichem, fut assiégé par le Duc de Juliers: le siège dura sept semaines, et le Duc ne put s'en rendre maître qu'à l'aide des bourgeois d'Aix. Mr. *Bischoff,* le propriétaire de cette ruine, l'a entouré dans les derniers temps de bâtiments modernes et d'une métairie très considérable.

Schönthal, tout près de là, belle propriété de Mr. le *Comte Ch. de Nellessen,* avec de larges jardins, étangs et un parc aux cerfs. On peut atteindre à pied ce dernier par un chemin très-beau derrière Borcette sur l'ancienne route de Cornelimunster; le parc est toujours ouvert au public; le forestier donne des rafraichissements.

Forst, village dans le voisinage, où se trouve un tilleul de dimensions colossales.

Cornelimunster sur l'Inde, gros bourg, à une heure et demie de la ville, dans la même direction que *Forst,* bien situé au bas d'une montagne boisée, et renommé par son abbaye, suprimée en 1812. Charlemagne a jeté les fondements de cette abbaye qui fut achevée par son fils Louis le débonnaire. Les reliques que possède l'église abbatiale sont montrées, comme les grandes reliques d'Aix, tous les sept ans au public. Ces reliques sont:

1⁰ Le *tablier* que J.-C. ceignit pour le lavement des pieds. 2⁰ Le *linceul* dont Joseph d'Arimathé se servit pour enévelir J.-C. 3⁰ Le *St. Suaire,* trouvé dans le tombeau de J.-C. ressuscité. 4⁰ La *tête* du Pape Corneille, décapité à Rome en 253. On conserve également dans cette église le cor. de ce St. Pape: les malades attaqués de la fièvre boivent dans ce cor, en guise de vase, pour obtenir leur guérison.

La *Kermesse* et foire de Cornelimunster, commençant le 16 septembre et durant huit jours, est fort renommée et réunit chaque année une société nombreuse. L'ancienne abbaye (maintenant propriété de Mr. *G. Startz*) et son héremitage, situé sur un rocher, sont entourés de promenades pitoresques.

L'*Eich*, beau jardin sur la route de *Néaux (Eupen)* non-loin de Borcette avec restaurant et établissement de bains froids.

Le *Linzenshäuschen* ou *Jägerhaus* (maison des chasseurs) est situé un peu plus loin sur la même route à une demie lieue de la ville, près du bois. De la hauteur on voit s'étendre un beau panorama de la contrée. Excellentes promenades dans la forêt d'Aix. Rien de plus agréable que ce site ombragé d'arbres majestueux dont le calme solitaire n'est interrompu que par le chant des oiseaux qui nichent dans les bosquets d'alentour.

Tout près se trouve le *Haidchen*, belle campagne apartenant au banquier Mr. *C. Wintgens-Oeder.*

Ronheide, situé sur une petite hauteur. On y va par une très belle promenade, ou par le chemin de fer belge, qui y mène en quelque minutes. Bon restaurant-café, très favorisé par les habitants de la ville.

Un chemin agréable conduit de Ronheide à la *Carlshöhe* (colline de Charlemagne) le point le plus élévé de toute la contrée, d'une hauteur de 1000 pieds au dessus de la mer. On peut aussi y parvenir en passant la porte St. Jaques, par le Preussweg. Les chemins conduisant à la Carlshöhe et les promenades qui l'entourent, datent de l'année 1848. De cette hauteur on jouit de vues des plus variées et des plus magnifiques sur la ville, les villages voisins et les champs fertiles, qui les entourent. Au pied de la colline est situé le Adamshäuschen (restaurant).

Altenberg, (vieille montagne) à deux lieues de la ville, situé sur le terrain neutre entre la Belgique et la Prusse, village très-grand et important à cause des établissements de la société *Vieille montagne* pour l'exploitation de la calamine. Les fosses de calamine fournissent des cristaux de combinaisons chimiques les plus variées.

Tout près de là est l'*Emmaburg,* belle ruine d'un château dans une situation très pittoresque sur une petite hauteur. Le vallon, traversé par une petite rivière, la Geul, est couvert de bois. Cette ruine aussi éveille les souvenirs de Charlemagne; on la met en rapport avec une historiette d'après laquelle Emma, fille de l'empereur, portait son amant Eginhard, la quittant à la fin d'une nuit de neige, sur son dos, pour ne pas être trahie par les traces du jeune audacieux. (Voir les légendes.) On peut y aller en prenant d'Aix-la-Chapelle le chemin de fer belge jusqu'à la station d'*Astenet,* où on arrive en 25 minutes. De là un joli sentier mène par les prairies du pays de Limbourg et la vallée de la Geul dans une demie heure jusqu'à la ruine. Chemin faisant, on peut admirer le beau *viaduct de la Geul,* pont de 17 arches, d'une hauteur de 117′ et longueur de 650′.

Une promenade des plus agréables est celle qui mène à *Kirbrichshof*, une demi lieue de la ville. Pour y arriver on passe le monument, un petit temple en marbre érigé en honneur du congrès des Monarques de l'an 1818. Kirbrichshof, entouré de lacs, est très-bien situé (restaurant).

Le château de *Kalkofen*, apartenant à Mr. W. *Zurhelle*, est à un quart de lieue de la ville: il a de beaux jardins, des étangs et une métairie; ce fut là que mourut en 1790 le général anglais Elliot, célèbre par sa défense de Gibraltar: il fut victime de l'usage trop fréquent des eaux, sans avoir pris l'avis des médecins.

Une demie lieue plus loin se trouve le beau village de *Haaren*, but fréquent des promenades, particulièrement au printemps, où les promeneurs se rendent chez M. *Dossing*, jardinier pépiniériste et fleuriste.

Près de là le *Haarenheidchen*, belle maison de campagne sur un point très-élévé, qui offre une belle vue.

Le chemin de fer de Dusseldorf conduit en 25 minutes à la seconde station *Herzogenrath*. De là on voit sur une petite colline les tours de *Klosterath (Rolduc)*, ancien couvent des Bénédictins, maintenant pensionnat de garçons, qui jouit d'une haute réputation, et séminaire sous la direction d'ecclésiastiques. La situation de ce vaste établissement qui apartient à la Hollande, est très-belle, et les environs charmants. Le couvent fut fondé en 1104 par Ailbert, chanoine de Tournay. L'ancienne église a été dignement restaurée. Elle possède une belle crypta.

Stolberg, à deux lieues de la villes, à quinze minutes par le chemin de fer, ville très-industrielle, très-bien située, remarquable par les belles ruines de son ancien château, ses mines de houilles et de calamine, ses manufactures de glaces et de verrerie.

Près de là *Eschweiler* avec ses immenses établissements de toutes sortes. On y remarque surtout les vastes laminoirs d'Eschweiler Aue, des haut fournaux, une tréfillerie etc. Près de là les grandes houillères. (*Eschweiler-Pumpe.*)

Mélaten à une demie lieue du Königsthor, avec les ruines d'un hospice des lépreux et d'une chapelle du 13ᵐᵉ siècle. Il y a ici une fontaine, nommée St. Quirin, dont l'eau glaciale qui sort d'une profondeur considérable, est regardée comme miraculeuse.

Sept fontaines, non loin de Mélaten. Sept sources jaillissent du pied d'un monticule crétacé et créent le Wildbach qui arrose une contrée pittoresque. Près de là le village *Laurensberg.* Beau panorama vu de la hauteur près de l'église. Plus loin le village *Vetschau*, très-intéressant pour les géologues qui y trouvent les couches de Maestricht, et de nombreuses pétrifications.

Vaels, bourg hollandais, à une lieue d'Aix-la-Chapelle, sur l'ancienne route de Maestricht. Ce beau grand bourg était autrefois en haute renommée pour ses manufactures de drap. L'industrie y est fort diminuée dans les derniers temps. Près dé Vaels le large établissement de *Blumenthal* avec ses beaux jardins, appartenant autrefois à la famille de Clermont, maintenant couvent des dames du sacré-coeur et pensionnat de jeunes filles. Le ruisseau qui coule tout près de Vaels forme la frontière entre la Prusse et la Hollande.

Maestricht et *Fauquemont (Valkenburg)*. Depuis l'ouverture du chemin de fer une heure suffit pour nous mèner à Maestricht, ville forte hollandaise, dans la province de Limbourg, aux bords de la Meuse. Maestricht est une ville assez importante et industrielle avec plusieurs églises remarquables et de grandes places. Le type de l'architecture des maisons nous rapelle le temps de la domination espagnole. Dans la *cathédrale* (sur la place Vrythof) il y a un tableau de *Vandyk* (décente de la croix) et une statue de Charlemagne par *Geefs*. Un beau pont sur la Meuse unit la ville avec le faubourg *Wyck*. Le *parc* sur une île du fleuve est très-bien arrangé. On a un beau coup d'oeil sur la Meuse et les environs. Ce qui attire à Maestricht annuellement une masse de savants et de curieux, ce sont les celèbres souterains (grottes artificielles) de la montagne *St. Pierre (Petersberg)*. Cette montagne de grés jaune commençant tout près de la ville, s'étend aux bords de la Meuse jusqu'à Liége. La pierre est très molle et facile à travailler; elle a la qualité de s'endurcir au contact de l'air, ce qui la rend très-convenable pour des édifices monumentaux et des ornements. La belle église *St. Servais* à Maestricht en a été entièrement bâtie. A force d'une exploitation qui remonte jusqu'au temps des Romains, l'intérieur de la montagne a été transformé en un labyrinthe d'une longueur de plusieurs lieues. Des énormes colonnes soutiennent les voûtes, d'où la pierre a été enlevée en blocs colossales. On cite beaucoup d'exemples de gens, qui jadis y sont entrés ou par curiosité ou par ignorance du danger, et qui ne sont jamais retournés. On en trouva les corps après des longues époques. Avec les guides qu'on prend à Maestricht, il n'y a cependant aucun danger; ils connaissent la montagne comme leur ville natale et accompagnent les visiteurs toujours au moins à deux et avec des flambeaux. Comme en été il fait très-froid dans les souterrains, il ne faut pas négliger de se pourvoir de manteaux. En entrant, on voit tout de suite que les colonnes sont couvertes d'une énorme masse de noms. Puisqu'on a travaillé du haut en bas, les plus hauts sont toujours les plus anciens. Les guides montrent une de l'année 1037. Il y a parmi les inscriptions nombre de célébrités, quelque fois, il est vrai, d'une origine un peu douteuse. Le nom de Napoléon I que les guides ne manquent jamais de montrer, est très peu lisible. On a trouvé et trouve continuellement dans la montagne une masse de pétrifications, surtout des bryozoaires. Il y en a plusieurs collections a Maestricht. Les guides en offrent quelquefois en vente, mais souvent à des prix exorbitants. Une chose très-intéressante dans les grottes c'est un arbre pétrifié qu'on a coupé par le milieu. De la cime tombent continuellement des gouttes d'eau froide d'un goût agréable qui forment un bassin dans le pied de l'arbre. Après avoir parcouru le souterrain pendant une demie heure, on est ordinairement assez content de revoir le ciel et de respirer l'air frais. Lechemin qui mène à la grotte, est des plus agréables, toujours aux bords de la Meuse, et en montant la montagne. On traverse le jardin *Slavante* (Casino privé mais accessible aux étrangers sans introduction). De ce point on a une vue vraiment belle sur la vallée de la rivière, dont on peut suivre le cours serpentant pendant plusieurs lieues. L'a-t-on trouvé belle en arrivant, on l'admire encore beaucoup plus, en sortant de la nuit des souterrains. — L'hôtel *du lévrier* à *Maestricht* (tenu par Mr. Alex. Bonn) est très-recommandable. Il y a toujours des voitures à la disposition des étrangers. — Un quart d'heure avant d'arriver par le chemin de fer d'Aix-la-Chapelle à Maestricht on remarque à sa gauche dans une situation très-pitoresque sur une hauteur les ruines imposantes de l'ancien château de *Fauquemont* (Valkenburg) et dans la vallée le bourg du même nom. Il vaut bien la peine de faire une excursion spéciale jusqu'à cette station. Les environs offrent de belles promenades. Les géologues surtout y trouvent un vaste champ d'exploitation des pétrifications des couches de Maestricht. On a plusieurs bons restaurants à Fauquemont.

Spa. La ville de Spa offre aux étrangers résidant à Aix une excursion d'autant plus agréable, qu'on atteint cette petite ville de bains par le che-

min de fer, en une heure et demie de sorte qu'on
peut y aller, voir tout ce qu'il y a de remarquable
et retourner le même jour. La renommée de Spa
date des plus anciens temps et par sa belle situation, ses eaux ferrugineuses, un peu aussi par
son établissement de jeux, le seul toleré en Belgique,
la ville attire toujours beaucoup de monde. Ce n'est
que depuis le 18me siècle que Spa est devenu le
rendez-vous du monde noble ou riche. Avant ce
temps, comme écrivait un médecin, on ne pouvait
y arriver qu'au risque de se casser le cou en chemin. Au commencement du siècle passé *Pierre le
grand* y prit les eaux et c'est depuis que la réputation des sources fit des progrès sensibles ; aussi
on n'a manqué d'ériger un monument en honneur
de cet illustre hôte.

La population de la ville est peu nombreuse
et nullement en proportion avec la grandeur de la
ville ; la plupart des maisons est déstinée au logement des étrangers et inhabitée pendant l'hiver.
La seule industrie des habitans consiste en fabrication de jolies boites en bois verni et peint. Du reste
le séjour à Spa donne assez d'agréments si le temps
est beau, tandis qu'il est morose si la pluie en-
trevient. Serrée de près par des collines boisées,
la ville a encore ce désavantage que les sources,
celle du Pouhon exceptée, sont à une certaine distance
de la ville. Ce qui sourit surtout à beaucoup d'é-
trangers qui ne désirent que trouver le repos après
de longs mois d'agitation c'est qu'on est à même
ou de chercher la société ou de vivre dans le plus

grand isolement, tant s'y prête le site de la ville, avec ses promenades par les monts et ses points de vue beaux quoique assez éloignés. Tels sont la cascade du Coo, la vallée de la Wesdre etc.

On sait la vertu fortifiante des eaux ferrugineuses. Cependant elles sont de différente force minérale et les médecins font une grande distinction, en ordinant l'usage de l'une ou de l'autre source. La plus abondante en fer à Spa est celle du Pouhon, tandis que la plus faible est celle de la Géronstère. La source la plus célèbre est celle du Pouhon, qui sort de la terre au centre de la ville. Sa température est de 8^0 R. et contient beaucoup d'acide carbonique. Les principales sources après le Pouhon sont celle de la Géronstère à $3/4$ lieue de Spa, celle de la Sauvenière à une $1/2$ lieue, et près de là le Grossbeck, les Tonnellets et le Watroz.

Vers la fin de la saison la ville de Spa attire une grande foule, surtout de la Belgique, par ses courses de chevaux, tant de chevanx de pur sang que de chevaux des Ardennes, race robuste et surtout sûre en allant par les chemins escarpés.

Borcette.

Borcette est une petite ville, au sud d'Aix-la-Chapelle, et presque réunie à cette ville par les nouvelles rues, principalement par la *rue du Casino*

et la *Kurbrunnenstrasse* (rue de la fontaine) qui
toutes les deux ne contiennent que des maisons
neuves et se joignent à leur embouchure à la rue
haute d'Aix-la-Chapelle. La rue qui sépare les
deux villes du côté de la porte de Borcette, et qui
s'appelle *Marschier-Steinweg*, ne contient jusqu'à
présent que très peu de maisons. Borcette est située
en partie sur le penchant des deux collines escarpées
et en partie dans un vallon étroit, courant de l'ouest
à l'est; sur la colline opposée sont les deux paroisses,
quelques maisons et l'ancienne abbaye: l'église devenue paroisse est fort belle; l'église et l'école protestante sont dans la grande rue.

En arrivant à Borcette par la Kurbrunnenstrasse, on voit à sa droite après avoir passé les
arches du grand Viaduct du chemin de fer rhénan, la nouvelle fontaine *(Victoriabrunnen)* environnée du jardin public et des promenades, et au
fond les deux plus grands établissements de bains
de la ville: l'*hôtel* et les *bains St. Charles* et celui de
la *Rose*. Les autres établissements de bains, situés
dans l'intérieur de la ville, sont: le *bain neuf,
Prince de Liége, moulin d'or, bains de l'épée, de
l'empereur, du serpent* et *de St. Jean.* Tous se recommandent par leur comfort et par la modicité
des prix. Les maisons de bains sont en même temps
des hôtels, les seuls, que Borcette possède. Nous
avons encore à nommer le *bain de l'écrévisse*, qui
appartient à une société Aixoise, qui vient à l'aide
des baigneurs indigens. Dans cette maison *Frédéric
le grand* prit ses bains en 1742; cependant il demeura

à Aix-la-Chapelle. Borcette abonde en sources d'eau chaude, qui ne sont pas toutes utilisées. La partie médicale de cet ouvrage donnera les détails nécessaires aussi bien que l'analyse des eaux.

La promenade autour de la fontaine Victoria mène directement dans les environs, dont nous avons déjà parlé pour la plupart dans la description d'Aix. On y est tout près de Frankenberg, Trimborn etc. De plus il y a encore une masse de petits chemins et sentiers agréables, que chaque baigneur trouvera facilement. La promenade du sud à été également augmentée et embellie dans les derniers temps; elle conduit a une petite chapelle: à droite sont les beaux bâtiments de la fabrique d'aiguilles, dit Eckenberg, enfin une teinturerie avec son jardin forment le fond du tableau. La continuation de ce chemin mène d'un côté à Schönthal, de l'autre à l'Eich, Linzenshäuschen, Ronheide etc. etc. (Voir les environs d'Aix-la-Chapelle.)

Depuis plusieurs années il s'est formé à Borcette un comité pour la saison qui prend des soins louables pour l'embellissement de la ville et les agréments des baigneurs. Pendant la saison un orchestre joue chaque matin à la fontaine.

Borcette renferme des manufactures considérables de draps et d'aiguilles. Sa population est de 6000 ames, parmi lesquelles environ 5200 catholiques, 800 protestants et très peu d'israélites. Il y a un tribunal de paix et un hopital, sous la direction des soeurs Franciscaines. La place sur laquelle la ville de Borcette s'elève maintenant, était au 9me siècle encore couverte d'une forêt de chênes. On dit que cette forêt s'étendait alors jusqu'au rocher, où est bâtie l'église St. Adalbert à Aix-la-Chapelle, et qu'elle était peuplée de sangliers, d'où lui est venu le nom latin Porcetum, en français Borcette, en allemand Burtscheid, en patois Bottsched. Cette explication généralement crue auparavant a pourtant le défaut que les savants de notre temps n'y croient plus. Le Professeur Quix dit que la place figure pour la première fois dans un document du 7me siècle, lorsque St. Clodulf y fit bâtir une église sous la denomination de *Breoteo*. Mais quelle est donc la signification de ce nom? Personne n'a su le dire. Mr. le Dr. Lersch, dans son ouvrage rècemment publié sur Borcette à trouvé enfin une explication très spirituelle. La vallée de Borcette est traversée par un ruisseau froid; tout près de lui coule un ruisseau chaud, l'écoulement des sources. La place qui sépare les deux eaux, a été nommée Born-scheide, composition du mot allemand Born, qui signifie source et du nom de scheide, dont on se sert spécialement pour signifier les hauteurs qui séparent deux fleuves. C'est donc le nom allemand, dont se formait le nom latin, et non pas le contraire.

Comme partout de notre côte du Rhin, les traces des Romains se trouvent aussi dans le terrain de Borcette. Dans les jardins entre Borcette et le chemin de Frankenberg on a découvert, il y a vingt ans une masse de briques romaines. Récemment en mettant les fondements de la fabrique de gaz, on trouva un canal en briques d'origine romaine, dont on croit qu'il a fait partie d'un aqueduc, allant aux bains d'Aix-la-Chapelle, et dont on a rencontré les traces correspondantes dans différentes rues d'Aix. Il semble avoir été destiné à apporter de l'eau froide, puisque sa position est trop haute, pour mener l'eau chaude des sources; aussi il ne contenait nul part le précipité, que l'eau minérale aurait du laisser.

L'histoire de Borcette commence dès la moitié du 7me siècle, lorsque St. Clodulph, évêque de Metz († 694), oncle de Pipin II, y bâtit une église et investa des prébendés sous un abbé. En 973 l'empereur Othon donna cette place et une partie de la forêt qui couvrait alors la vallée, à Grégoire, prince grèc, fils de Nicéphore Phocas et frère de Théophanie, épouse d'Othon. Grégoire y fonda un monastère sur la place, où se trouve maintenant l'église abbaye, dans laquelle restent encore ses cendres. Il en fut le premier abbé, et y mit 12 moines de St. Bénoit. Le couvent fut doté par plusieurs empereurs avec terres et biens à Borcette et autres parts. Dans le voisinage du riche couvent s'éleva un groupe de maisons, qui figure dans les documents sous le nom de *Porcetum.* Lorsque l'empereur Henri II donna au couvent le domaine de l'empire qui toucha à ses terres, l'abbaye eût droit de seigneurie sur Borcette. Dans les temps suivants le couvent tomba en décadence et le nombre de ses moines se diminua tellement, qu'au commencement du 13me siècle Engelbert, archevêque de Cologne, les transfera en divers couvents, et les remplaça par les réligieuses du couvent St. Salvator, près d'Aix. L'empereur Frédéric II confirma cette translation en 1222. Les abbesses de Borcette était membres immédiats de l'empire. Malgré beaucoup de querelles, que Borcette avait à subir avec les prévôts, résidant à Frankenberg, la ville florissait sous leur domination: au commencement du 14mo siècle les drapiers reçurent un privilège et la permission de former une corporation. Les abbesses de Borcette étaient jusqu'au commencement du 15mo siécle les suivantes: Helswindis I et II, Sophia, Ermegardis, Helsmudis, Jutta, Elisabeth, Aleidis I, Mechtildis I et II, Richardis, Aleidis II, et Richmodis. Après avoir subi plusieurs pillages par de bandes errantes, les réligieuses, qui avaient règné pendant 131 ans sur le bourg de Borcette, se décidaient à cèder cette souveraineté à la ville d'Aix, pour recevoir sa protection contre le brigandage. Cet acte de despération a été modifié plus tard, et le couvent rentra dans ses droits d'exercer le gouvernement, avec l'aide du sénat de la ville libre d'Aix, jusqu'au temps de la première invasion française. L'abbaye fut supprimée alors avec les autres établissements monastiques sur la rive gauche du rhin, et les bâtiments sont devenus propriété particulière.

Abrégé historique
de la ville d'Aix-la-Chapelle.

L'histoire d'*Aix-la-Chapelle* dans les premiers temps après sa fondation est incertaine, comme celle de la plupart des villes des contrées du Rhin et de la Meuse. Dans les temps les plus reculés c'étaient les Eburons, les Tongrois, les Sunikens et les Ubiens qui s'y étaient établis. Les tribus Romains qui pendant une large époque habitaient nos contrées, découvrirent nos thermes et profitèrent comme partout de nos eaux chaudes pour bâtir des bains. Le grand nombre de monnaies, monuments et inscriptions trouvés, comme les débris d'aqueducs et bains sont la preuve de leur long séjour.

Déjà en 1409 des fouilles faites hors la porte de St. Adalbert, du côté du château de Kalkofen, firent découvrir des pierres tumulaires avec des incriptions romaines, des statues et ustensiles romains. En 1549 on découvrit dans le bois de la ville un tombeau romain. En 1649 différents monuments romains furent trouvés sur la place où est maintenant le jardin de la fontaine Élise. En 1756 on découvrit au lieu où est bâti la chapelle de la cathédrale dite *chapelle Hongroise* un bain romain bien conservé. Malheureusement au lieu de le couvrir d'une voûte, on prit la détermination de le combler. A une époque toute récente, lorsqu'on ouvrit le canal qui sert à conduire l'eau du bain de l'Empereur à la fontaine Élise, on rencontra des restes de bains romains, et il y a peu d'années, qu'on découvrit près du chemin de communication entre Aix et Borcette les restes très-bien conservés d'un aqueduc. Enfin l'année 1861 nous apporta encore plusieurs découvertes du même genre, les traces de bains dans l'intérieur de la cathédrale à l'occasion de la recherche du tombeau de Charlemagne et sur la place où on mit les fondements du nouveau bain de la Reine de Hongrie dans la Edelstrasse, et la continuation de l'aqueduc mentionné dans la direction du château de Frankenberg, en construisant la nouvelle fabrique de gaz de Borcette.

Par les invasions des Vandales, Alanes, Suèves et d'autres peuples barbares, la ville romaine fut détruite comme tant d'autres dans le 5me siècle. Après ces sortes de dévastations les restes des habitants anciens comme les nouveaux conquérants cherchaient de préférence les places habitées autrefois par les Romains, les ruines de leurs habitations et palais et la culture de la terre pas encore tout à fait détruite, leur facilitant l'établissement. Les Romains avaient donné à la ville le nom *Aquisgranum,* qui se trouve déjà dans les documents du 8me siècle. Le mot *aquis* prouve que la ville doit son origine aux sources thermales. Les anciennes chroniques d'Aix-la-Chapelle désignent le général romain *Granus,* frère ou proche parent de Néron, comme étant le fondateur de cette ville. Suivant ces traditions ce Romain y fit construire environ 70 ans après la naissance de Jésus-Christ un palais, détruit plutard, dont la *tour de Granus,* faisant partie de l'hôtel de ville est restée. Ce recit des chroniqueurs est sans fondement. On croit plutôt que les sources étaient dédiées à Apollon qui avait le surnom Granius où que ce nom a rapport au culte d'un Esculape Celte. Le nom allemand: *Aachen* est derivé des anciens racines: *Ach, Aich, Ahha,* qui signifient également l'eau.

Il est remarquable, que quelques soins qu'on se soit donné, les événements de l'époque de l'occupation du pays par les Romains sont restés couverts d'un voile impénétrable, et l'histoire d'Aix-la-Chapelle n'offre rien de positif jusqu'au règne de Clovis, fondateur de la monarchie Franque, qui suivant ce que rapporte Melchior Goldart, publia dans une diète tenue dans cette ville, 13 articles nouveaux à la loi salique promulguée par Pharamond; son fils Théodoric nomma en 514 les villes de Metz et d'Aix-la-Chapelle, résidences royales.

L'histoire d'Aix-la-Chapelle présente une lacune de près d'un siécle, entre le règne de Sigebert et celui de Pépin II; la présence de ce monarque en cette ville est démontrée par l'acte de donation qu'il fit au couvent de Sorèze, évêché de Lavaur, et fondé par lui, des fermes de la Villapinta et Villamanna. Les guerres que Pépin eut à soutenir en Italie contre le Roi des Lombards, en Saxe contre les Saxons révoltés, enfin en Aquitaine, contre le Duc Waifarius, tinrent ce Monarque pendant 11 années éloigné d'Aix, où il ne revint qu'en 765 pour assister aux fêtes de Noël et de Pâques.

Ce n'est qu'avec le règne de Charlemagne que les nuages qui obscurcissent l'histoire de la ville d'Aix, se dissipent et que cette cité prend tout-à-coup un dégré extraordinaire de grandeur et de prospérité. La chronique fait naître l'illustre empereur le 2 avril 742 à Aix, ou il découvrit les bains suivant la légende pendant une de ses chasses. Il est certain qu'il y bâtit son grand palais depuis 778 jusqu'à 785. En 796 il fit commencer la construction de la cathédrale qui fut terminée en 804. Les frais furent pris sur les dépouilles des Hongrois, qu'il soumit après huit années de combats. Les bains furent également réconstruits par l'empereur; ils nous sont décrits par son ami savant Angilbert. Depuis l'année 794 jusqu'à sa mort il aima à passer l'hiver dans cette ville qu'il affectionna particulièrement. Il y célèbra ordinairement dans sa *chapelle*, qu'il avait dédié à Notre-Dame, les fêtes de Noël et de Pâques. En 798 un concile eut lieu à Aix contre l'hérésie de l'évêque Félix. A l'aide du célèbre *Alcuin*, dont l'empereur fit la connaissance à Pavie, il fonda dans notre ville une académie. En 804 la cathédrale d'Aix fut inaugurée par le pape Léon, qui avait couronné l'empereur le 25 décembre 800 à Rome. En 807 Charlemagne reçut à Aix l'ambassade du Calife Haroun al Raschid qui lui fit cadeau d'une partie des reliques qui se trouvent encore dans la cathédrale. L'empereur mourut à Aix-la-Chapelle le 28 Janvier 814; son corps fut déposé dans un caveau de la cathédrale. L'empereur avait doté la ville des plus importants privilèges. Un mois après la mort de Charlemagne son fils Louis arriva à Aix-la-Chapelle et prit le gouvernement de l'Empire des Francs. — En 817 des ambassades Normandes et Turques arrivèrent dans la ville. — Lothaire, le fils ainé de l'empereur fut couronné à Aix comme empereur romain.

Privé de son illustre protecteur, la ville qui avait été élevée par Charlemagne à un tel degré de prosperité, qu'on l'apella la *seconde Rome*, fut frappée dans l'époque suivante par différents désastres. En 820 Aix fut désolé par la peste d'une manière terrible. En 823 une partie de la ville fut démolie par un tremblement de terre. En 832 les fils de Louis le débonnaire se soulevaient contre leur père (qui mourut le 20 juin 840 sur une île du Rhin près de Mayence.) L'an 881 fut désigné par l'invasion des Normands sous le commandement de Siegfried. Le palais des empereurs fut détruit et l'église dépouillée. En 888 seconde invasion des hordes barbares. — En 912 couronnement de Conrad I. — En 936 couronnement d'Othon I. — La ville commença sous son règne à reprendre son ancienne prosperité. Voici un aperçu rapide des principaux événements que nous offre l'histoire d'Aix-la-Chapelle depuis cette époque.

961. Couronnement d'Othon II. — En 974 l'abbaye de Borcette fut fondée par le prince grec Grégoire, beau-frère d'Othon. — En 978 l'empereur Othon II fut surpris dans son palais à Aix-la-Chapelle par le roi Lothaire de France. Il prit la fuite avec sa femme et sa cour et se retira à Cologne.

983. Couronnement d'Othon III. — En 990 le mariage d'Ezo, palatin d'Aix, avec la princesse Mathilde, soeur de l'empereur eut lieu à Aix. — En 1000 le tombeau de Charlemagne fut ouvert par l'empereur Othon III. Fondation de l'église et du chapitre de St. Adalbert par le même.

1002. Couronnement de Henri II, duc de Bavière. — Othon III mourut à Paterno en Italie.

Suivant son ordre exprés son corps fut transporté à Aix-la-Chapelle et enseveli dans la cathédrale.

1024. Couronnement de Conrad II (der Salier).

1028. Couronnement de Henri III (de la Franconie).

1054. Couronnement de Henri IV. — En 1064 il prit les bains à Aix-la-Chapelle.

1099. Couronnement de Henri V. Celui-ci détrôna son père, qui mourut à Liége en 1106 et fut enseveli à Spire. Henri V fut couronné pour la seconde fois à Mayence en 1106.

1125. Couronnement de Lothaire II.

1138. Couronnement de Lothaire III, (duc de Suabe). — En 1146 Aix-la-Chapelle fut frappé d'un incendie terrible. — Bernard, abbé de Clervaux précha la croisade dans la cathédrale.

1152. Couronnement de Frédéric I de Hohenstauffen, surnommé Barbarossa. — En 1166 canonisation de Charlemagne par le pape Pachalis III. — L'empereur Frédéric Barbarossa donna à la ville le droit de monnayage et la permission de tenir chaque année deux foires.

1169. Couronnement de Henri VI. — En 1171 les faubourgs d'Aix qui s'étaient agrandis considérablement par les manufacturiers, furent entourés de murailles.

1198. Couronnement d'Othon IV.

1205. Couronnement de Philippe de Hohenstauffen (duc de Suabe) et de son épouse Irène.

1215. Couronnement de L'empereur Frédéric II de Hohenstauffen, qui fit mettre les ossements de

Charlemagne dans une châsse splendide d'or et d'argent.

1223. Couronnement de Henri, fils de l'empereur. Il se souleva contre son père, fut détrôné et exilé en 1235 et mourut dans la misère en Apulie. — Le 1ᵉʳ août 1224 un incendie épouvantable éclata dans la ville. Le palais et la cathédrale furent considérablement endommagés: les magnifiques hôtels des Princes et Grands de l'empire, ainsi que la majeure partie de la ville furent reduits en cendre. En 1236, un nouvel incendie consomma le palais impérial, et presque tout le centre de la ville. — En 1247, Aix-la-Chapelle fut assiégé par l'empereur Guilleaume, comte de Hollande. (L'empereur Frédéric II avait été excommunié par le pape Innocence II au concile de Lyon en 1245.) Les électeurs nommaient Guillaume de Hollande empereur, il devait être couronné à Aix-la-Chapelle, mais les citoyens, fidèles au serment fait à l'empereur Frédéric, lui défendirent l'entrée de la ville. Voilà la cause du siège qui fut long et acharné. La ville resista pendant plus d'une année, et les bourgeois d'Aix se couvrirent de gloire. Guillaume, désespèrant d'enlever la ville de vive force, fit élever une digue de 40 pieds de hauteur, dont l'effet fut tel, que les eaux arrêtées par cette digue réfluèrent vers la ville qui fut tellement inondée que les habitants ne purent entretenir de communication entre eux qu'au moyen de batelets et radeaux: enfin une capitulation honorable ouvrit les portes de la ville à Guillaume qui y fit son entrée le 31 octobre 1248.

1267. Couronnement de Richard, duc de Cornwallis, et de son épouse Sancta.

1273. Couronnement de l'empereur Rodolphe de Habsbourg et de son épouse Anne. — En 1277 une guerre de courte durée éclata entre Aix et Guillaume, comte de Juliers: le 16 mars Guillaume et ses trois fils, à la tête de 468 cavaliers, pénétrèrent dans la ville aidés par des traîtres, mais arrivés sur la grande place, ils furent assaillis par les bourgeois, qui à la première nouvelle de cette trahison, avaient couru aux armes: la mêlée fut sanglante, et pas un des cavaliers ne survécut: le comte et ses trois fils furent arrêtés dans leur fuite, et tués dans la rue St. Jacques, l'obscurité de la nuit ayant empêché de les reconnaître. Les ducs de Brabant et de Limbourg, unirent leurs armes pour venger la mort du comte Guillaume, leur beau-frère, mais ils éprouvèrent une telle résistance, qu'ils furent obligés de se retirer; ils se jettèrent alors sur le plat pays, dévastèrent les terres, pillèrent et brûlèrent les villages, et firent un désert de toute la contrée. Ce ne fut qu'en 1280 que cette malheureuse affaire fut arrangée par un traité signé à *Schönau*, château situé près de la ville et appartenant depuis à Mr. de Broich: la ville s'engagea à payer à la veuve du comte de Juliers une somme de 15,000 marcs, et à fonder quatre autels expiatoires, l'un dans l'église du couvent des Dames blanches, le second dans celle de l'abbaye de Borcette, et les deux autres dans l'église de Nideggen, où le comte et ses fils avaient été enterrés. Cependant l'agent impérial protesta contre cet arrangement: il exigeait du sang en réparation du sang répandu, et voyant qu'on n'avait nul égard à sa demande il perça de son épée le Bourguemestre d'Aix, au milieu de l'église; l'assassin parvint, au milieu du tumulte, à s'échapper. Au reste ces autels ne furent pas érigés, et en 1346, la ville fut délivrée de ses engagements en payant 40 florins de Florence au commandeur de Nideggen, et 15 à l'abesse de Borcette.

1292. Couronnement d'Adolphe de Nassau et de son épouse Imagina.

1298. Couronnement d'Albert I. (d'Autriche).

1309. Couronnement de Henri VII (de Luxembourg) et de son épouse Marguérite.

1314. Couronnement de Louis V (de Bavière) et de son épouse Béatrice.

1349. Couronnement de l'empereur Charles IV (de Luxembourg.) — La peste qui ravagea une partie de l'Europe, se fit également sentir à Aix-la-Chapelle. La populace accusa les juifs d'avoir importé ce fléau en empoisonnant les fontaines, et en empestant l'air. Ces malheureux, victimes d'une horrible superstition, souffrirent la plus cruelle persécution, et le nombre de ceux qui furent mis à mort avec une barbarie atroce fut si grand qu'il paraît qu'on avait conçu le projet d'exterminer entièrement cette race. La voix du Pape Clémens VI, qui déclara que la peste était un châtiment infligé par Dieu, ne fut pas même écoutée. — Dans la même année la construction de *l'hôtel de ville* et du *choeur gothique* de la cathédrale fut commencée par le Bourguemestre *Gerhard Chorus*, baron *de Schellart*. Le même erigea sur le marché la fontaine avec la statue de Charlemagne (qui fut renouvelée (en 1614 et 1730.) — En 1356, l'empereur Charles IV confirma par sa bulle d'or le droit qu'avait Aix d'être la ville du couronnement, et il erigea le banc des échevins de cette ville en tribunal d'appel auquel on recourait d'un grand nombre de villes, même de Nimègue en Hollande. Cette dernière ville reconnaissait le banc des échevins d'Aix comme cour suprême. Ce même empereur donna 1357 aux bourgeois l'autorisation d'entourer leur ville de murailles et de fossés, comme étant une résidence royale. Il donna des privilèges notables aux manufacturies et à la ville le droit de tenir une foire. — En 1368 une revolte d'ouvriers fut bientôt supprimée.

1376. Couronnement de Wenzel (de Luxembourg) et de son épouse Jeanne. — En 1380 diète, dans laquelle le pape Urbain VI fut reconnu et le contre-pape Clémence VII détrôné. — En 1387 on compta dans la ville 19,821 hommes en état de porter les armes, sans les jeunes gens non-mariés. Le commerce de la ville était florissant. Les négociants d'Aix avaient des dépots à Venise. — En 1396 la ville aida le duc de Juliers à conquérir les châteaux de Schönforst et de Wilhelmstein.

1407. Couronnement de Ruprecht, électeur du palatinat. — En 1409 traité de paix à Aix entre l'evêque de Liége et le duc d'Aremberg. — En 1413 inauguration du choeur de la cathédrale.

1414. Couronnement de Sigismund (le dernier de la maison de Luxembourg) et de son épouse Barbara. — En 1428 une grande partie des citoyens se révolta contre le magistrat, et choisit un nouveau. L'ancien chercha l'aide étrangère. Les comtes de Neuenahr, Virburg et le seigneur de Heinsberg à la tête de 1400 cavaliers entrèrent le 2 octobre dans la ville. La revolte fut supprimée après une courte bataille. Cinq chefs de l'émeute furent décapités. En 1437 on fait pour la première fois mention des dix corporations, existant alors. — En 1431 le Landgrave Louis I de Hesse prit les bains à Aix-la-Chapelle.

1438. Couronnement de l'empereur Albert II. Avec lui commence la suite d'empereurs de la maison Habsbourg-Autriche.

1442. Couronnement de Frédéric III. — En 1450 des émigrés français introduirent la fabrication du cuivre et du laiton. Dans cette année les 11 corporations existant reçurent leur première lettre de privilège. Chaque corporation envoya deux magistrats et six députés au conseil communal. (Depuis 1513 le nombre des corporations montait à 14.) — En 1469 la ville conclut une alliance avec Charles le Témeraire.

1486. Maximilien I fut couronné le 9 avril à Aix et des fêtes extraordinaires eurent lieu à l'occasion de ce couronnement: on cite une anecdote assez plaisante de ces fêtes. Les juifs offrirent au monarque nouvellement couronné une corbeille remplie d'oeufs d'or pur; Maximilien ordonna de mettre les

porteurs de cette précieuse corbeille en lieu de sû-
reté, en recommandant de les bien traiter. Les juifs
effrayés de cette réception présentèrent une humble
supplique à Maximilien, qui leur fit répondre qu'on
ne saurait garder avec trop de soin des poules qui
pondaient des oeufs aussi précieux. Le monarque
après s'être amusé quelque temps avec sa cour des
terreurs des Israëlites, leur rendit la liberté.

1520. Couronnement de Charles V, roi d'Espagne.— Pendant son gouvernement les querelles reli-
gieuses commancèrent à Aix. En 1524 Albert Munster
propagea la foi de Luther dans la ville. Il fut ac-
cusé de plusieurs crimes, emprisonné et décapité.
Néanmoins la reformation gagna du terrain. En
1530 la ville envoya des députés à la diète d'Augs-
bourg pour témoigner de son attachement à la foi
romaine-catholique.

1531. Le couronnement de l'empereur Ferdinand I, le dernier qui eut lieu à Aix-la-Chapelle. — En 1533 et 1534 des écclésiastiques lu-
thériens prèchérent secrétement à Aix. Les différents
réligieux devinrent de plus en plus ménacants. Un
nombre de fabricants de Flandre et d'Artois, qui
s'étaient domiciliés à Aix, et par lesquels la foi protestante avait fait propagande, furent bannis par
décrèt du magistrat en 1544. — En 1552 recom-
mencèrent de fortes querelles réligieuses. — En 1576
la peste se déclara à Aix-la-Chapelle, et y fit jusqu'en 1597 de tels ravages que les cimetières ne
suffirent plus à l'ensevelissement des morts: celui
de la cathédrale *(Münster-Kirchhof)* ne fut bientôt

plus qu'une vaste fosse, où les cadavres, entourés
de paille, faute de bières furent entassés en telle
quantité, que le sol en fut rehaussé de 4 à 5 pieds:
du 23 juin au 8 octobre le corps municipal fut com-
pleté quatre fois. A ce fléau se joignit celui de la guerre;
en 1582 la ville d'Aix fut si étroitement bloquée
qu'il était impossible d'y entrer ou d'en sortir; les
bourgeois, réduits au désespoir firent une sortie: ils
attaquèrent le château de Kalkofen où était cantonné
un corps de cavalerie qui avait causé le plus de
dommage à la ville: le château emporté d'assaut,
tous les cavaliers, un seul excepté, furent tués; les
commandants des troupes ennemies, intimidés par
cet acte de vigueur des bourgeois d'Aix, retirèrent
les troupes qui occupaient les châteaux de Susteren,
de Grundhaus etc. La dernière moitie du 16me siècle
est attristée par les conflicts funestes entre les habitants catholiques et protestans. Les derniers par-
vinrent à faire entrer leurs partisans dans le magistrat de sorte que le gouvernement tombait dans
leurs mains, mais bientôt l'empereur Rodolphe se
déclara contre le parti usurpatoire, mit la ville en 1598
au ban de l'empire et restitua enfin les catholiques à
l'aide de troupes étrangères. — En 1608 une guerre
éclata entre la ville et le duc Jean Guillaume de
Juliers, qui occupa pendant le pelérinage aux reliques avec 500 hommes toutes les routes mènant
à la ville, attaqua les pelérins et conquit le château
de Frankenberg. Cette affaire fut arrangée plus tard.
— En 1610 le château de Kalkofen fut assiègé
et pris par le comte Frédéric de Solms pendant la

guerre de succession de Juliers. — En 1611 les querelles réligieuses éclataient de nouveau. — Les réformés dévastèrent le couvent et l'église des Jésuites et occupèrent des portes de la ville. Des troupes Brandenbourgoises vinrent à leur aide. — En 1640 la ville fut assiègée par le général espagnol *Ambroise Spinola* et d'après un traité du 25 août les Brandenbourgois durent se retirer et la ville fut occupée par les troupes de l'empire sous les généraux Spinola, Valasco etc. Le culte prostestant cessa d'être toleré. La plupart des protestans quittaient la ville qui perdit beaucoup de sa splendeur, les refugiés enmenant une partie des branches d'industrie jusque là cultivées exclusivement à Aix-la-Chapelle.

La ville d'Aix avait obtenu de l'empereur Ferdinand III l'exémption de logements de guerre, moyennant le payement d'une somme de 16,000 florins d'empire. Les généraux Piccolomini et de Grana, au mépris d'une convention aussi formelle, exigèrent en 1638, que la ville reçût une garnison de troupes impériales; les magistrats s'appuyant sur leur droit incontestable, s'y refusèrent, mais après un siège de 10 jours pendant lesquels l'artillerie impériale causa de grands dommages, ils furent forcés à capituler. L'inscription suivante fut gravée sur une pierre, placée dans un mur du couvent des dominicains, du côte de la tour haute, au lieu même où un boulet avait frappé, pour conserver la mémoire de ce siège:

Anno 1638. 4 Maji.
Majus fondat opus presens atque extruit ille
Grana ipsis Granis fregit turrim urbis Aquensis
Grana hoc conventus percutit hocce loco.

L'année 1656 fut signalée par un incendie qui éclata et se propagea avec une telle fureur que l'antique cité de Charlemagne sembla devoir disparaître de dessus la terre. Le 2 mai le feu se manifesta dans la maison d'un boulanger, nommé Maus, près de l'église St. Jacques. Quelques uns assurent qu'une mèche de feu était tombée du ciel, mais d'autres assurent avec plus de vraisemblance que l'incendie avait eu pour cause des braises deposées dans le grenier, avant d'avoir été complètement éteintes. Aucun recit ne peut mieux faire connaître ce désastre que celui qu'en fit un bourgeois d'Aix, au moment de l'évènement, et en présence de ses déplorables résultats, à un des ses amis à Francfort, dans une lettre que la chronique de Meyer nous a conservée. Voici un extrait de cette lettre. »... Le 22 avril (2 mai n. S.) l'incendie a éclaté dans la rue St. Jacques, près de la porte: le feu excité, et poussé par le vent vers l'intérieur de la ville acquit rapidement une telle intensité qu'il devint impossible de l'éteindre, et à 9 heures du soir la moitié sud de la ville était déja réduite en cendres. L'hôtel de ville, notre superbe cathédrale, bâtie par Charlemagne, ainsi qu'un beau palais déjà incendié une fois, en 881, par les Normands qui ne purent brûler la cathédrale à cause de la solidité de sa construction en pierres de taille, plusieurs églises et cou-

vents, la place du marché toute entière, la grande
et la petite rue de Cologne, par conséquent les $^7/_8$
de la ville, formant 2600 maisons, ont été réduites
en cendres en 24 heures, et n'offrent plus qu'un
triste amas de ruines. Un huitième à peine de la
ville a échappé à ce désastre qui n'a pas laissé à
nos magistrats un lieu où ils puissent se rassembler.
J'ai été forcé à 9 heures du soir d'abandonner ma
maison, située près de l'hôtel de ville: je n'ai pas eu
le temps de sauver un mouchoir, tout à été la proie
des flammes. Réfugié au bain de la Rose, avec mon
épouse et mes enfans, nous n'avons pu y rester qu'un
quartd'héure: le feu nous força à chercher un nouvel asile chez un parent sur le boulevard, mais les
flammes nous poursuivant toujours, j'ai pris le parti
d'abandonner la ville à onze heures du soir. Nous
nous sommes rendus directement à Borcette où nous
sommes encore. Combien de malheureux bivouaquent
hors de la ville, derrière les hayes, sans vêtements
et sans aliments! Un grand nombre d'habitants ont
perdu la vie dans les flammes, d'autres ont été
étouffés dans les caves, et d'autres enfin ont été
écrasés par la chûte des murs . . . De ma vie je
ne vis rien de semblable, dans ces malheureux temps
de guerre, où tant de villes, et de villages ont été
incendiés en Allemagne etc. etc.«

L'incendie avait fini, mais une nouvelle cala-
mité, conséquence inévitable de la prémière, se fit
sentir: les habitans avaient perdu non-seulement
leurs meubles, leurs vêtements, leurs marchandises
et leurs papiers, mais tous les vivres avaient été

6

détruits, et la famine les menaçait. Cependant la providence vint à leur secours: l'humanité fit partout entendre sa voix, et les secours arrivèrent de toutes parts; Liége, Maestricht et Cologne se distinguèrent dans cette circonstance par le zèle et la promptitude qu'ils déployèrent à secourir la population Aixoise. Le jésuite Masenius fit au sujet de cet incendie la remarque que le déluge arriva 1656 ans après la création, et que pareillement, 1656 ans après la naissance de J.-C. la verge de Dieu (fLageLLVM DeI) frappa la ville d'Aix-la-Chapelle. Un bel esprit de l'époque fit aussi sur le même sujet le chronogramme suivant: *Urbe Magna DeLeta CIneres restant.* Le corps municipal déploya dans ces tristes circonstances autant de zèle que de talent, et par ses soins 6 ans aprés 1600 maisons étaient rebâties à neuf.

La *paix* qui fut conclue à Aix-la-Chapelle en 1668 entre la France et l'Espagne ne fut pas de longue durée. Louis XIV ne voulant pas céder ses titres prétendus, attaqua la Hollande. Aix-la-Chapelle dut lui payer une lourde contribution de guerre et de plus recevoir et nourrir une garnison, composée en partie de troupes françaises, en partie de soldats de l'evêque de Munster, l'allié de Louis XIV. — En 1671 on découvrit sur la place dit Driesch, une source d'eau ferrugineuse, vulgairement appelée *fontaine de Spa.* — Le magistrat d'Aix avait en 1697 créé un impôt payable en nature, au profit des pauvres de la ville, sous le nom de *denier du pauvre,* et consistant en $1/20^{me}$ d'un fass, par mal-

dre, des grains entrant dans la ville, c. a. d. à
peine un maldre sur 120. Cette perception a eu
constamment lieu pendant 130 années jusqu'en 1820,
elle a cessé à la demande des marchands de grains.
— La renommée toujours croissante des eaux d'Aix
lui amena en 1717 le Czar Pierre I de Russie, en
1724 le Roi Frédéric IV de Danemark, accompagné
de son épouse Anna Sophia. Le Roi fut pleinement
guéri de ses maux. — En 1742 enfin le Roi de
Prusse *Frédéric le Grand*, prenant les bains de Borcette contre la goutte, demeura à Aix-la-Chapelle
avec son frère Henri.

Vers la fin de l'année 1747 les ambassadeurs
de presque toutes les puissances de l'Europe se ré-
unirent à Aix en congrès, qui dura jusqu'au 18
octobre 1748, auquel jour le *traité de paix*, conclu
entre l'Autriche, la France, l'Angleterre, la Hollande
et la Sardaigne mit fin à la *guerre de succession*
de l'Autriche. Les ambassadeurs, signataires de ce
traité furent de la part de l'Autriche le comte de
Kauniz-Rittberg, de la France le comte de Séverin
d'Aragou, de l'Angleterre le comte de Sandwich, de
l'Espagne Mr. de Limmay Soto Maior, de la Sardaigne le comte de Chavanne, des états généraux
le comte G. de Bentinck, le comte de Wassenaer-
Troickel, le baron de Bosselaer, Mrs. de Hasselaer
et de Haaren; de Modène le comte de Mousone, de
Génes François Marie Doria, de la Prusse Mr. d'Am-
mon, de Vénise Mr. de Locatelli, et du côté du
Pape le nonce Msgr. de Jacquet, Archidiacon du
Heinaut.

Dans les années 1755 et 56 plusieurs tremblements de terre se firent sentir dans la ville. A la suite de la *guerre de sept ans* qui éclata dans la dernière année, Aix éprouva de nouveau les calamités de la guerre par le passage de troupes françaises sous le Maréchal d'Étrées en 1757, allant à l'aide du roi de Prusse. Le régiment „du Roi" sous le brigadier Meyronet prit ses quartiers d'hiver dans la ville en 1758—59. — En 1765 la veuve du Bourguemestre *Jean de Vespien* fonda *l'hôpital de St. Marie* pour des bourgeois pauvres. (Cette dotation a depuis été transmise au nouvel hôpital *Maria Hilf.*) — Le 10 février 1769 en suite de différents avec l'électeur *Charles Théodor,* (dans sa qualité de duc de Juliers et Berg), la ville fut occupée par les troupes du Palatinat sous le commandement du général de Horst. Par ordre de l'empereur Joseph II l'occupation dut bientôt cesser. — En 1771 jusqu'à 1773 on note plusieurs tremblements de terre et une disette. Dans la dernière année en suite du décret du Pape Clémens XIV (Ganganélli), l'ordre des Jésuites, fut comme partout ailleurs suprimé à Aix et leur église fermée le 10 septembre. — En 1782 on mit les fondements de la nouvelle rédoute (le *Kurhaus.*)

Déjà depuis longtemps la ville libre d'Aix souffrait comme beaucoup de ses soeurs en Allemagne sous une administration basée sur des institutions sur-années, et sous le poids d'une position qu'elle n'avait malheureusement plus la force de soutenir. Elle avait donc le sort, comme tant d'autres, de succomber au premier choc de la révolution française. Déjà en 1792 le 12 décembre les troupes de la république entrèrent dans la ville sous le général Dampierre et le 16 décembre sous le général Dumourier. Après la victoire d'Aldenhoven, gagnée par les Autrichiens sous le prince de Cobourg sur les troupes du général Dampierre, les Français durent quitter la ville, mais pas pour longtemps, puisque déjà le 2 septembre 1794 la ville fut réunie à la république française. Ce fait fut constaté plus tard en 1804 par le traité de Lunebourg, à la suite duquel tout le côté gauche du Rhin fut incorporé à la France. Aix-la-Chapelle perdit ainsi son titre de ville libre et impériale et devint en échange le chef-lieu du *département de la Roër* et en 1802 le siége d'un épiscopat. (Le premier evêque fut Msgr. *Berdolet*.) En 1804 l'empereur Napoléon Ier visita la ville avec son épouse Joséphine. En 1811 l'empereur déclara les sources et les bains propriété de l'état.

En 1814 la ville fut occupée par les Alliés et en 1815 enfin réunie à la Prusse, qui y reçut l'hommage de la province rhénane. Aix-la-Chapelle devint le chef-lieu du *Regierungsbezirk* (cercle) du même nom. — La dernière époque remarquable des annales Aixoises c'est le *Congrès des souverains* de la Prusse, de l'Autriche et de la Russie en 1818, qui eut pour résultat l'évacuation des provinces françaises occupées depuis 1815 par les Alliés. Pendant ce temps se trouvaient à Aix-la-Chapelle les trois monarques, le roi Frédéric-Guillaume III de Prusse, l'empereur François II d'Autriche et l'empereur

Alexandre de Russie avec les ministres et ambassadeurs suivants: MM. de Hardenberg, prince de Metternich, comte de Bernstorff, duc de Wellington, Lord Castlereagh, duc de Richelieu, comte de Nesselrode, comte Capo d'Istria et comte Alopeus, et un grand nombre d'autres célèbrités.

La ville d'Aix, heureuse d'être de nouveau réunie à sa patrie allemande et sous le sceptre puissant de la Prusse, n'a pas à regretter d'avoir perdu depuis ce temps ces anciens titres et priviléges et son importance politique, les vertus de ses eaux thermales et l'industrie de ces habitants ayant augmenté sa prosperité au plus haut degré. La population, qui en 1815 était de 28,000 âmes, s'elève en ce moment à près de 60,000, mais la richesse et tous les moyens de bien-être de la ville sont accrus depuis ce temps dans une proportion beaucoup plus considérable. Quant aux faits que nous devons encore citer il n'y a que quelques oeuvres de paix et d'utilité, comme en 1822 le fondement du nouveau théâtre et de la fontaine Élise, en 1828 de l'hôtel du gouvernement, en 1847 la 25me réunion du congrès des médecins et professeurs de sciences naturelles, en 1849 la construction de l'hopital *Maria Hilf* etc. etc. Il ne serait pas convenable de finir cet abregé, sans faire mention du grand nombre des personnes de haute distinction qui ont visité nos bains dans les derniers temps. Ce serait trop impossible d'en donner une liste complète, nous nous bornons à nommer les têtes couronnées et les membres de leurs familles. Qu'il nous soit permis pour combler une lacune dans ce récit, de reculer un peu plus loin et comme nous écrivons ceci en 1862 de commencer en 1762 avec la visite du Prince Charles Max de Saxe. — L'année 1763 amenait après la paix de Hubertsburg plusieurs princes à nos bains, entre autres le duc Ferdinand de Brunswic, le prince Auguste Ferdinand de Prusse et son épouse Anna Elisabeth. En 1768 ce couple auguste répéta sa visite; parmi les autres baigneurs on cite les Landgraves Hesse-Philipsthal et Hesse-Rothenburg, les princes de Hohenlohe et de Löwenstein, la duchesse de Northumberland, le prince Adam Czartoryski et 50 à 60 autres princes et comtes. — En 1770 le prince Charles de Suède, la duchesse Louise-Frédérique de Mecklenbourg-Schwerin etc. prirent les eaux. — En 1804 l'impératrice Joséphine de France prit les bains pendant deux mois. — En 1850 S. M. le roi régnant Max de Bavière et la duchesse de Kent se trouvaient parmi les baigneurs. — En 1856 S. A. R. la princesse Louise de Prusse (maintenant grandduchesse de Bade) et en 1859 et 1860 enfin S. A. R. la princesse Charles de Prusse profitaient des vertus de nos thermes.

Légendes.

La construction de la cathédrale d'Aix-la-Chapelle.

La cathédrale d'Aix-la-Chapelle dont Charlemagne voulait faire son église préferée n'était qu'à moitié achevée que la grande guerre contre les Saxons emmenait l'empereur dans des pays lointains. Avant son départ il ne manqua pas de bien recommander son oeuvre à tous les architectes, et comme il prévoyait bien que la guerre n'arriverait pas sitôt à sa fin, il chargea surtout le magistrat de la ville d'avoir bien soin d'achever l'église avant son retour. Il ne s'était pas trompé, car la guerre dura bien longtemps, et les trésors de l'empereur comme les moyens de la commune furent bientôt épuisés. En pareilles circonstances la construction de la cathédrale fut interrompue, car les caisses étaient vides et aucun secours ne s'offrait.

Le magistrat se trouvait dans un embarras terrible; les artisans les plus habiles quittèrent la ville et on avait bien raison de craindre la colère de l'empereur quand à son retour il verrait son église chérie transformée en ruine sur les murs de laquelle l'herbe commençait à pousser.

Un jour le magistrat ayant déliberé longtemps sans aucun résultat sur les moyens de se tirer de cette situation pénible, fut agréablement surpris par l'arrivée d'un étranger qui lui offrit avec la plus grande amabilité une somme quelconque pour l'achèvement de la cathédrale. Mais l'étonnement général

augmentait encore, quand après lui avoir demandé
ses conditions, on entendit la réponse de l'étranger qui ne voulait ni intérêts ni remboursement
de la somme, mais seulement la première âme qui
entrerait dans l'église après qu'elle serait achevée.
On voyait bien maintenant qu'on avait à faire au
diable en personne, et la frayeur fut d'abord bien
grande. Mais le diable savait très-bien plaider sa
cause, et après avoir fait remarquer qu'il y aurait
tant d'âmes sauvées par la nouvelle église que la
seule petite âme qu'il demandait ne compterait presque pas, le magistrat céda et signa le traité.

Le pacte à peine entre les mains du diable,
une pluie d'or mit fin à tous les soucis du magistrat. On se remit avec ardeur aux travaux in-
terrompus, et la construction de l'église s'approcha
presque trop vite de sa termination pour ceux qui
avaient donné une promesse dont l'exécution leur
semblait tous les jours plus difficile. Comme l'histoire du traité n'était pas resté un secret, il était
bien facile d'entrevoir que personne n'entrerait le
premier dans la nouvelle église pour livrer son âme
à Satan. Enfin un moine d'une grande sagacité
vint dissiper pour la seconde fois les craintes du
magistrat, en lui faisant observer qu'on avait bien
promis une âme mais nullement arrêté que ce serait
l'âme d'un homme. Donc, quand la cathédrale fut
achevée et que le diable avait apporté lui-même
pendant la nuit la belle grande porte de bronze de
l'entrée principale derrière laquelle il s'était caché,
on chassa un loup qu'on avait pris dans les envi-

rons, à travers l'église. Le diable s'élança sur sa proie, et lui arracha l'âme, mais quand il vit qu'on l'avait trompé en ne lui offrant que l'âme d'une bête sauvage, il quitta la maison de Dieu en fureur, et ferma la porte derrière lui avec une telle violence, qu'elle se fendit et qu'il laissa le pouce de sa main droite dans un des boutons de porte. On montre toujours ce doigt qu'il a été impossible d'enlever, comme on trouve encore aujourd'hui aux deux côtés de la porte principale de la cathédrale d'Aix-la-Chapelle l'image du loup et de son âme en forme d'une pomme de pin que le magistrat d'alors a fait exécuter en bronce comme souvenir éternel de cette histoire.

Le Lousberg.

Le diable ne pouvait oublier la mortification que les habitants d'Aix-la-Chapelle lui avaient fait subir en lui livrant l'âme d'un loup à la place de celle d'un homme, et jour et nuit il s'occupait de projets de vengeance. Enfin il s'était arrêté à un plan dont l'exécution devait, selon lui détruire d'un seul coup la cathédrale, la ville et tous ses habitants. Il se rendit aux bords de la mer et ramassa une montagne de sable assez grande pour ensevelir toute la ville avec l'église et le palais de l'empereur. Hors d'haleine et couvert de sueur, le diable avec son poids avait déjà dépassé la porte du Pont, car il ne pouvait voir la ville à cause d'un vent d'est assez fort qui remplissait sans cesse ses yeux du sable de la montagne qu'il portait.

Sur ces entrefaites il rencontra une femme qui venait de la vallée de Sörs pour se rendre dans la ville, et quand il était tout près d'elle il lui demanda avec la plus grande politesse: „Ma bonne femme, est-ce qu'il y a encore loin à Aix-la-Chapelle?" Heureusement la femme remarqua ses pieds fourchus et ne manquant pas de présence d'esprit et se doutant des mauvaises intentions du diable, elle jeta bien vite son chapelet avec la croix qui y était attachée sur la masse de sable. Le contact de la croix ôta au diable tout pouvoir sur la montagne qui tomba à terre si subitement qu'elle se partagea en deux collines dont la plus grande s'apelle Lousberg, la plus petite montagne St. Salvator. Le premier de ces noms doit son origine à un proverbe que nous donnons dans le patois d'Aix-la-Chapelle: „De Oecher send der Düvel ze lous." (Les habitans d'Aix-la-Chapelle sont trop fins même pour le diable.)

L'anneau de Fastrada.

Fastrada était la troisième femme de Charlemagne. Il l'épousa à Worms en 783. Quoique bien éloignée de posséder les vertus et la bonté de la seconde femme de l'empereur, la pieuse Hildegard, elle avait fasciné le coeur de son mari par sa beauté, son esprit et son enjouement. Pendant que d'autres la nommèrent hautaine et fière, il l'adorait, était heureux dans son amour, et ne se doutait pas que l'inexorable mort lui arracherait bientôt l'épouse chérie.

Fastrada mourut à Francfort en 794. La douleur de l'empereur était sans bornes, et il s'abandonna à son désespoir à un tel dégré que l'on craignait pour sa raison. Il ne voulait point quitter le corps de la défunte et ne cessait point de lui parler; jour et nuit il se tenait agenouillé près de son chevet sans prendre la moindre nourriture, et s'opposa avec colère à l'enterrement en répétant que Fastrada ne faisait que dormir et qu'elle se réveillerait bientôt. Après avoir vainement essayé tous les moyens pour convaincre l'empereur de la mort de son épouse, le pieux archévêque de Rheims, Turpin, avec toute la cour invoquait le ciel dans une prière fervente de prendre pitié de leur malheureux souverain. Un rêve alors découvrit à Turpin le charme qui tenait enchainé l'esprit de Charlemagne; il vit une bague cachée avec soin sous les beaux cheveux de l'impératrice. Le lendemain l'évêque s'approcha du cadavre, trouva la bague comme il l'avait vue dans son rêve et l'écarta adroitement. Dès que la bague se trouva en possession du prélat, Charlemagne se réveilla comme d'un songe terrible; il reconnut aussitôt la vérité; il vit qu'il avait perdu la belle Fastrada, mais il supporta sa perte comme un homme et se mit à écouter les consolations de Turpin. Il se sépara du corps de sa bien-aimée, et les restes de Fastrada furent transportés de Francfort à Mayence, où on les enterra dans la chapelle St. Alban.

Pendant les fréquens voyages que l'empereur entreprit maintenant dans les intérêts de l'empire, il se fit accompagner toujours par le plus fidèle de ses conseillers, l'archévêque Turpin sans lequel il semblait ne plus pouvoir exister. Le pieux et savant prélat avait joui toujours d'une grande estime près de Charlemagne, mais depuis qu'il possédait la bague enchantée l'affection de l'empereur devenait plus grande de jour en jour. Quoique l'archévêque ne tirait de cette inclination aucun profit pour lui-même et qu'il ne s'en servait que pour le bien de l'église et de l'état, elle commençait à lui peser, parcequ'il savait qu'un charme en était la cause. Pendant un séjour prolongé à Aix-la-Chapelle il exécuta donc un projet formé depuis longtemps, et il jeta l'anneau funeste dans le beau lac qui entourait le château de chasse de l'empereur, situé tout près de la ville.

Toujours Charlemagne avait montré une préférence pour la ville d'Aix, mais depuis ce jour elle devint son séjour favori, et il ne s'en éloigna que pour des causes sérieuses. Les eaux du lac qui cachait le joyau mystérieux l'attirèrent toujours de nouveau, et jusqu'à la fin de sa vie il revint toujours chercher le repos et le calme dans son château de chasse près d'Aix-la-Chapelle, dont des restes existent encore sous le nom de Frankenberg.

Emma et Eginhard.

Emma, la plus jeune et la plus belle des filles de Charlemagne, et l'enfant favorite de son père, avait voué un amour tendre et fidèle à Eginhard, le sécrétaire intime et le plus jeune des conseillers de l'empereur. Les deux jeunes gens qui connaissaient bien la distance qui les séparait, et la colère de Charlemagne dans le cas qu'il découvrirait leur secret n'avaient pas d'autre moyen de s'entretenir qu'aux rendez-vous qu'ils se donnaient dans la chambre d'Emma donnant sur la cour du palais imperial. Une fois qu'ils avaient passé là quelques heures bien heureuses et qu'Eginhard s'apprêtait à partir, la nuit étant déjà assez avancée, il remarqua avec effroi qu'une forte neige était tombée et qu'il ne pourrait traverser la cour sans que les traces d'un homme sortant de la demeure de la princesse trahiraient leur dangereux secret. Dans ce moment de terrible anxiété Emma eut une idée qui devait, selon elle, sauver son amant et sa réputation. Elle prit Eginhard sur ses épaules et traversa de cette façon la cour, sûre que les pas d'une femme n'exciteraient pas le moindre soupçon. Mais la pauvre Emma s'était trompée en ne se croyant point observée; malheureusement, l'empereur qui n'avait pu dormir s'était levé, et debout près de sa fenêtre il reconnut parfaitement au clair de la lune sa fille et le fardeau qu'elle portait. Plein de colère contre son enfant et contre Eginhard qu'il avait honoré de sa confiance et comblé de bienfaits, il les chassa tous les deux de son palais et ne voulut jamais plus les revoir.

Plus de cinq ans s'étaient écoulés depuis ce jour et on avait perdu les traces des deux fugitifs. Charlemagne avait depuis long-temps pardonné dans son coeur à sa fille chèrie; il désirait la retrouver car il commençait à se sentir vieux et isolé, mais toutes ses recherches avaient été vaines; on cherchait au loin ceux qui étaient tout près. La chasse étant maintenant l'unique distraction de l'empereur, un jour en se livrant à ce plaisir dans la forêt d'Aix-la-Chapelle, il fut séparé de sa suite, et se sentant fatigué de la grande course, il s'était couché à terre sous un groupe de vieux chênes pour attendre les chasseurs. Plus épuisé qu'il ne l'avait pensé lui-même, bientôt il était plongé dans un doux sommeil. Un léger bruit l'ayant réveillé il leva les yeux et vit un beau petit garçon jouant avec son épée qu'il avait posée contre un arbre. L'empereur s'intéressa pour le bel enfant qui répondit à ses questions d'une manière franche et résolue, et s'étant informé de ses parens, il se fit conduire à leur habitation. S'approchant d'une petite maisonette bien propre, située au milieu de la forêt, l'empereur vit une belle femme, portant un petit enfant sur ses bras qui vint au devant de lui pour le saluer et le prier d'accepter l'hospitalité qu'elle et son mari pourraient lui offrir. Charlemagne ne reconnut point sa fille dans son costume de paysanne, et Emma qui pouvait à peine maîtriser son émotion et qui avait peur de se trahir, se hâta de rentrer dans la cabane pour préparer le repas. Sur ces entrefaites Eginhard était revenu de la chasse, et son visage bruni, sa forte barbe et sa longue chevelure le rendaient également méconnaissable à son hôte qu'il salua cordialement. Mais lorsque le repas était servi, l'empereur vit avec surprise que la table était arrangée tout à fait comme chez lui et surtout que le plat principal, un beau civet de chevreuil, était préparé de la manière dont jadis sa chère Emma avait eu seule le sécret.

Il jeta un regard pénétrant sur la jeune femme, assise près de lui, et des larmes mouillèrent ses yeux quand il reconnut sa fille qui tomba à ses genoux ainsi que son mari. L'empereur les reçut dans ses bras et les ramenait sous le toit paternel. Eginhard se fit ensuite l'historien de Charlemagne et nous lui devons la plus fidèle chronique du grand héros. A la place de la chaumière dans la forêt on fit bâtir un beau château de chasse qui prit le nom d'Emmabourg. Ce château a payé son tribut au temps, mais le nouveau bâtiment qui a pris sa place a conservé ce nom.

Guide pratique

du médecin et du malade

aux

Eaux minérales d'Aix-la-Chapelle et de Borcette.

Par le Docteur

Alexandre Reumont,

médecin aux eaux d'Aix-la-Chapelle, membre de plusieurs sociétés savantes.

A

Monsieur

Pierre Boutourlin

cet ouvrage est dédié en signe d'estime et d'amitié

par

l'Auteur.

Aix-la-Chapelle.

Situation, considérations météorologiques, Flore.

La ville d'Aix-la-Chapelle est située dans la province rhénane de la Prusse près de la frontière de Hollande (de la Principauté de Limbourg) et entre les bassins du Rhin et de la Meuse, à 50^0 46, 34" de latitude septentrionale et à 23^0 44' 17" de longitude orientale de l'île de Ferro (6^0 4' 39" de longitude orientale de Greenwich et 3^0 44' 17" de Paris); son altitude au dessus du niveau de la mer est de 553,4 pieds de Prusse (569,8 pieds anglais, 534,7 pieds de Paris) en comptant de la base de la fontaine sur la place du marché jusqu'au 0 de l'échelle d'Amsterdam. Il existe peu de sources thermales situées aussi bas. Le sommet de la pyramide du Lousberg est à 263 pieds au dessus de la base de la porte Sandkaul.

Selon les observations du professeur *Heiss*, poursuivies pendant 12 ans, la température moyenne est de + $7,49^0$ R. ($9,36^0$ C. = $48^0,9$ F.); la moyenne des observations du matin + $6,20^0$ R. ($7,75^0$ C. = 46^0 F.), de celles du midi + $9,69^0$ R. (12,11 C. = $53,8^0$ F.) et de celles du soir + $6,68^0$ R. ($8,35^0$ C. = $47,03^0$ F.). Les moyennes de la température par saisons sont: hiver + 1,27⁰ R. (1,59⁰ C. = 34,86⁰ F.), printemps + 7,04 R. (8,8⁰ C. = 4784⁰ F.), eté + 13,51⁰ R. (16,89⁰ C. = 62,4⁰ F.), automne 8,46⁰ R. (10,5⁰ C. = 51,3⁰ F.). La température moyenne de l'eau de puits (d'eau froide et en grande partie douce) est de + 7,8⁰ R. (9,75⁰ C. = 49,55⁰ F.). La hauteur moyenne du baromètre est, réduite à la température de 0⁰ R. (32⁰ F.), de 27 pouces 6,86 lignes. Le degré de saturation de l'air de vapeur d'eau est de 5,75 grains par pouce cube rhénan d'air. Les vents dominants sont ceux du N. E. et S. La déclinaison de l'aiguille aimantée était de 19⁰ 33′ à l'ouest (le 1 janvier 1850); elle décroit par an de 8′.

Relativement aux phénomènes géologiques du bassin d'Aix-la-Chapelle (golfe d'une ancienne mer) il y a peut-être peu de contrées en Allemagne qui puissent égaler celui-là sous le rapport de la variété ou de l'intérêt pour l'histoire naturelle et de l'industrie. Dans l'espace de moins d'un mille (d'Allemagne) on y trouve quatre des plus intéressantes formations géologiques: au sud et à l'est les grès de transition (système dévonien) qui à l'ouest s'appuie contre les grès de la Belgique et à l'est contre ceux de l'Eifel et du Rhin; c'est de ces terrains que sortent les sources sulfureuses thermales; on y trouve et exploite de riches filons de plomb, de calamine, de fer et de cuivre. A l'ouest et au N.-O. de la ville s'élève une série de collines ondulées, composées d'une puissante formation calcaire qui se présente en deux assises: la craie verte que le

professeur *J. Müller* assimile à la craie verte de
Blackdown, et une autre formation plus récente qu'il
compare au calcaire supérieur de Douvres, Meudon,
Rügen etc. qui jouit d'une grande célébrité en raison
de sa richesse en fossiles d'animaux et de plantes
d'un monde antérieur. De la roche calcaire jaillissent, comme cela arrive partout, d'abondantes
sources d'eau douce qui fournissent à la ville une
excellente eau potable. Au nord et au N. E. la formation houillère se développe avec une puissance
extraordinaire; car non seulement les habitants des
villages environnants pourvoient à leur existence par
le travail dans les mines immenses, mais Aix-la-
Chapelle est redevable de sa prospérité, depuis l'invention de la machine à vapeur, à ces sources iné-
puisables de combustible. En outre de ces trois
importantes époques géologiques, on apperçoit près
du village de Nirm une stratification très interés-
sante de lignite avec des couches de sables subordonnées à cette formation, et qui fournissent aux manufactures de glaces une matière première d'excellente qualité. La surface de toute la contrée est
recouverte du diluvium détritique du limon du Rhin
(Löss) et de cailloux en grande partie hornstein (si-
liceux). L'intéressante découverte faite par le professeur *Ehrenberg* d'animalcules infusoires à l'état fos-
sile a conduit à constater de pareils fossiles dans
la formation crétacée d'Aix (de la classe des fora-
minifères).

Cette variété dans la composition du sol, et
les températures differentes auxquelles sont portées

certaines couches de terrains par la proximité des
sources thermales, rendent la Flore des environs
d'Aix-la-Chapelle d'une richesse particulière; car
elle offre sur une superficie d'à peine deux milles
plus de mille espèces de plantes phanérogames, et
un nombre à peu près égal de cryptogames. Nous
citons parmi les plus rares plantes phanérogames
les suivantes:

Callitrichi verna et autumnalis L. — Circaea Lutetiana
L. — Cyperus badius Reich. — Scirpidum aciculare N. ab E.
— Cynosurus cristatus L. — Briza media L. — Vulpia Myurus Gmel. — Centunculus minimus L. — Asperula odorata L.
— Atropa Belladonna L. — Datura Stramonium L. — Hyoscyamus niger L. — Menyanthes trifoliata L. — Cynanchum
Vincetoxicum R. Br. — Viola lutea Sm. *) — Impatiens Nolitangere L. — Gentiana Pneumonanthe L. — Cicuta virosa L.
— Parnassia palustris L. — Armeria vulgaris W. *) — Calla
palustris L. — Narthecium ossifragum Huds. — Allium ursinum L. — Maianthemum bifolium D. C. — Trientalis europaea L. — Oenothera biennis L. — Paris quadrifolia L. —
Butomus umbellatus L. — Monotropa Hypopitys L. — Pyrola
minor L. — Arenaria cespitosa L.*) — Lythrum salicaria L.
— Geum urbanum et rivale L. — Nymphaea alba L. — Nuphar
luteum Hayne. — Aconitum Lycoctonum L. — Helleborus
viridis L. — Lathraea squamaria L. — Euphrasia odontites L.
— Digitalis purpurea L. — Cochlearia officinalis L. — Malva
moschata L. — Corydalis capnoides Pers. — Astragalus glycyphyllus L. — Carlina vulgaris L. — Calcitrapa Hippophaestum Gaertn. — Orchis coriophora L. — Gymnadenia conopsea
R. Br. — Platanthera clorantha et bifolia Rich. — Ophrys
arachnites et muscifera L. — Neottia ovata L et Neottia nidus

---

*) Ces trois plantes végétent sur le terrain de calamine des
environs (Altenberg etc.)

ayis Rch. — Sparganium simpl. Huds. — Arum maculatum L. — Sagittaria sagittifolia L. — Viscum album L. —

Aix-la-Chapelle possède des sources d'eau minérale de differentes qualités: *des sources sulfureuses chaudes* (thermes) et *ferrugineuses* (calibées).

Les sources sulphureuses chaudes d'Aix-la-Chapelle.

Ces sources, inconstestablement connues déjà des Romains et restaurées par l'empereur Charlemagne, sourdent à travers les couches de grès de transition, à peu près au centre de la ville, et fournissent en somme, d'après des estimations faites en 1811, 26 mêtres cubes d'eau par heure, soit environ 230,000 mêtres cubes par an. En y ajoutant les sources chaudes de *Borcette* on peut compter que les eaux minérales des deux localités amènent de l'intérieur de la terre à sa surface à peu près 1,760,000 Kilogrammes ou 35,000 quintaux de differents sels, parmi lesquels 25,000 quintaux de sel marin. La grande quantité de ce dernier sel a fait supposer à feu le Dr. *Monheim* qu'il existait à proximité des deux villes des depôts considérables de sel gemme. Pour produire artificiellement la chaleur de ces sources il faudrait consumer par an cinq millions de Kilogrammes de bois sec.

Toutes les sources thermales d'Aix-la-Chapelle déposent du souffre sublimé (fleurs de souffre) et des concretions de chaux; mais la quantité de celles-ci est plus considérable dans les sources chaudes de Borcette qui d'autre part laissent déposer beau-

coup moins de souffre sublimé. Selon l'estimation
de feu les Docteurs *G. Reumont* et *Monheim* on
pourrait obtenir environ deux quintaux de souffre
en changeant tous les vingt ans la pierre qui re-
couvre la source de l'empereur.

Selon les différents systèmes en faveur, plusieurs théories ont été proposées pour expliquer la
cause de la chaleur des eaux thermales d'Aix-la-
Chapelle et de Borcette; le fait de l'acroissement
progressif de température dans les couches intérieures
du globe en raison de leur profondeur (fait qui a
été soupçonné par les anciens naturalistes, mais qui
n'a pu être démontré que dans les temps modernes)
explique suffisament la chaleur de ces sources mi-
nerales; quoique l'on ne puisse non plus exclure
l'influence d'une action volcanique elle même en rapport intime avec l'hypothèse de la chaleur centrale. *)

Plusieurs tremblements de terre ont exercé
une influence décidée sur nos sources; par exemple
celui de 1755—56 qui dura pendant près de deux
mois avec plus ou moins de violence, et mit le 18
février 1756 les sources très-fortement en mouvement; on rapporte que plusieurs d'elles (au Seilgraben) alors en activité ont cessé d'exister à cette
époque. Le tremblement de terre de 1828 n'a pas
été non plus sans influence sur ces sources.

Si l'on détermine la profondeur de ces sources
thermales seulement par rapport à la chaleur de la terre,

---

*) Les volcans éteints les plus proches sont ceux de l'Eifel
et de Roderberg près de Bonn, à une distance d'environ
8—12 milles.

en vertu de la loi qui donne dans nos latitudes un accroissement de 1^0 R. par 113 pieds de Paris, il s'ensuit, après déduction de $+ 7,8^0$ R. ($9,75^0$ C.) température moyenne de l'eau de puits, que la source de l'empereur ($= 44^0$ R., 55^0 C.) jaillit d'une profondeur de près de 4000 pieds de Paris, et la plus chaude de Borcette ($59^1/_2{}^0$ R., $74^1/_2{}^0$ C.) d'une profondeur d'environ 5900 pieds de Paris.

Depuis les temps anciens on distingue les eaux thermales d'Aix-la-Chapelle, d'àpres leur situation sur la pente et au pied d'une colline, en *sources hautes* (les sources occidentales) et en *sources basses* (les sources orientales), quoique le niveau de ces dernières ne soit qu'à 4 à 6 pieds au dessous des premières, et que toutes soient en relation hydrostatique entre elles.

I. **Les sources hautes et leurs maisons de bains.** Ces sources sont les plus chaudes et renferment un peu plus de matières fixes et volatiles que les sources basses. Elles sont situées au »Büchel« et au »Hof,« rues tracées sur la pente de la colline qui porte à son sommet la place du marché. On distingue parmi elles les suivantes:

1. *La source de l'empereur*, la plus renommée de toutes à Aix, et ainsi nommée à cause de *Charlemagne* qui, selon son biographe Eginhard, en faisait un fréquent usage. Elle jaillit d'une roche dans *la maison de bains de l'empereur*)* (Kaiserbad) au

---

*) La vieille maison de bains de l'empereur à été démolie et sera, en harmonie avec la brillante célébrité de sa source, rebatie à neuf.

Büchel, et fournit de l'eau en abondance a cet éta-
blisssement, à *l'hôtel de bain neuf* (Neubad, annexé
à l'hôtel du grand Monarque), au *bain de la reine
de Hongrie*, (rue Edelstrasse, annexé à l'hôtel de l'Empereur), ainsi qu'à *la fontaine Élise* (Elisenbrunnen,
la source habituelle des buveurs d'eau). La température *) de la source de l'empereur est de 44^0 R.
55^0 C. = 131^0 F.).

2. *La source de St. Quirin* sort de terre dans
la maison de bains de St. Quirin (Quirinusbad),
située au »Hof«; sa température est de $39,7^0$ R.
($49,6^0$ C. = $121,32^0$ F.).

II. **Les sources basses et leurs maisons de
bains** sont toutes situées dans la rue »Comphaus-
badstrasse«; elles sont moins chaudes que les précédentes et sont toutes en rapport l'une avec l'autre.
Ce sont:

1. *La source de la Rose* (Rosenbadquelle) jaillit
dans la cour de l'hôtel des bains de la Rose; sa
température est de $37,6^0$ R. (47^0 C. = $116,6^0$ F.).
En outre de cette source, la plus abondante de toutes
les autres, il y en a plusieurs autres dans son voisinage qui pourvoient le *Comphausbad* (bain des
pauvres).

2. *La source de St. Corneille* se fait jour dans
la cour de la maison de bains de St. Corneille (Cor-
neliusbad) à la température de $36,3^0$ R. ($45,4^0$ C.
= $113,7^0$ F.); elle fournit également d'eau miné-

---

*) La température de toutes les sources d'Aix-la-Chapelle
est d'après les observations du professeur *Liebig* en 1850.

rale *la maison de bains de St. Charles* (Carlsbad).
Ces deux maisons de bains sont contigues; dans
cette dernière il existait précédemment un vaste
bain richement orné qui avait servi à l'impératrice
Josephine, prèmiere épouse de Napoléon I, pendant
sa cure à Aix en 1804, qui fut guidée par le père
de l'auteur de cet ouvrage.

En outre de ces sources dont je viens de parler,
il existe encore dans la rue Comphausbad une ou
deux petites sources qui alimentent une fontaine dans
la rue de St. Pierre et specialement destinée aux
pauvres gens du peuple.

Toutes les sources et les maisons de bains sont
la propriété de la municipalité de la ville; les
maisons de bains sont amodiées pour un certain
mombre d'années. *Les hôtels de bain neuf, de bain
de la Rose et de bain de la reine de Hongrie*
se distinguent par l'élégance de leur aménagement
tout moderne; néanmoins les autres maisons de
bains sont également montées d'une manière fort
commode. Dans toutes les maisons les chambres
de bains ainsi que les appareils pour les douches et
les bains de vapeurs sulfureuses sont très-bien conditionnées; il existe dans chacune de ces maisons
des réservoirs spacieux pour laisser refroidir l'eau
thermale, naturelle; le système des bains séparés
est exclusivement adopté.

La *fontaine Élise* est celle qui est généralement préférée pour la boisson. Ce bel édifice en
style grec dorique est situé sur la place Frédéric-Guillaume: l'eau de cette fontaine est fournie,

ainsi qu'il a été dit plus baut, par la source de l'empereur et perd toutefois environ $2^{1}/_{2}^{0}$ R. ($3^{1}/_{8}^{0}$ C. $= 5^{1}/_{2}^{0}$ F.) de sa chaleur pendent le trajet.

En 1850 le professeur *Liebig* fit une nouvelle analyse des eaux sulfureuses d'Aix-la-Chapelle; le celébre chimiste accompagna l'envoi de ses analyses des paroles suivantes: »Je me félicite que les progrès que la science a fait m'aient permis de constater la présence de Jode et de Brome, de Fer et de la Potasse dans les thermes d'Aix-la-Chapelle et d'en fixer ces quantités. Ce sont surtout les trois premières substances qui, par leur mélange avec les autres déjà indiquées dans l'excellente analyse de feu Mr. le Dr. *Monheim*, assurent aux thermes d'Aix-la-Chapelle le premier rang sur toutes les autres sources de l'Europe. J'attache une très-haute importance à la composition des gaz qui sont dissous dans les eaux et que Mr. le professeur *Bunsen*, le maitre de l'analyse des gaz, a entrepris d'analyser. Je ne doute point que ces nouvelles recherches ne contribueront à répandre et à assurer la grande réputation que ces sources ont acquise depuis des siècles« etc.

Nous donnons ci-après un extrait succinct de cette nouvelle analyse, et nous signalerons plus loin les petites différences qui distinguent les sources entre elles.

Composition

des

sources sulfureuses d'Aix-la-Chapelle.

Dans 1000 parties d'eau (1 Litre).

Substances non volatiles.	Source de l'Empereur.	Source de St. Corneille.	Source de la Rose.	Source de St. Quirin.
a. Parties pondérables.				
Chlorure de sodium....	2,63940	2,46510	2,54588	2,59595
Bromure de sodium....	0,00360	0,00360	0,00360	0,00360
Jodure de sodium......	0,00051	0,00048	0,00049	0,00051
Sulfure de sodium......	0,00950	0,00544	0,00747	0,00234
Carbonate de soude	0,65040	0,49701	0,52926	0,55267
Sulfate de soude.......	0,28272	0,28664	0,28225	0,29202
Sulfate de potasse......	0,15445	0,15663	0,15400	0,15160
Carbonate de chaux....	0,15851	0,13178	0,18394	0,17180
Carbonate de magnésie.	0,05147	0,02493	0,02652	0,03346
Carbonate de fer.......	0,00955	0,00597	0,00597	0,00525
Silice...............	0,06611	0,05971	0,05930	0,06204
Substance organique....	0,07517	0,09279	0,09151	0,09783
Carbonate de lithion....	0,00029	0,00029	0,00029	0,00029
Carbonate de strontiane.	0,00022	0,00019	0,00027	0,00025
b. Parties impondérables.				
Carbonate de manganèse	—	—	—	—
Phosphate d'alumine....	—	—	—	—
Fluorure de calcium....	—	—	—	—
Ammoniaque..........	—	—	—	—
Somme des parties non volatiles.........	4,10190	3,73056	3,89075	3,96961

Dans une livre (= 7680 grains) la somme des parties non volatiles des differentes sources est de $31^1/_2$, $28^1/_2$, $28^1/_4$ et de $30^1/_3$ grains.

Contenu des sources en gazes absorbés qui se développent par l'ébolution dans le vide.

1000 centimètres cubes (= 1 litre) d'eau contiennent à 0⁰ et 760 Mm. pression.

Des gazes absorbés en centimètres cubes.	Source de l'Empereur.	Source de St. Corneille.	Source de la Rose.	Source de St. Quirin.
Azote.................	12,78	12,54	14,71	7,31
Gaz carbonique........	126,94	148,46	145,40	106,30
Gaz hydrogène protocarb.	0,52	Traces.	0,89	0,30
Gaz hydrosulfurique	—	—	—	—
Oxygène.............	1,76	—	—	0,09
Volume total en centimètres cubes.......	142,00	161,00	161,00	114,00

Des gazes ascendants dans l'eau :

100 volumes de la source de l'Empereur contiennent:

Azote...	66,98
Gaz carbonique.....................................	30,89
Gaz hydrogène protocarburé.........................	1,82
Gaz hydrosulfurique................................	0,31
Oxygène..	0,00
	100,00

Température

des

SOURCE SULFUREUSES.

	En degrés de Réaumur.	En degrés du Centigrade.	En degrés de Fahrenheit.
Source de l'Empereur............	44	55	131
Source de St. Quirin............	39,7	49,7	121,32
Source de la Rose...............	37,6	47	116,6
Source de St. Corneille.........	36,3	45,4	113,67

Poids spécifique.

(à 16⁰ centigrade.)

Source de l'Empereur.........................	1,00349
Source de St. Quirin.........................	1,00327
Source de la Rose............................	1,00315
Source de St. Corneille......................	1,00305

Comme on apprend par cette analyse, toutes les sources thermales d'Aix-la-Chapelle jouissent d'une grande ressemblance entre elles; la source de l'empereur, toutefois possédant une température plus élevée, contient également. une proportion de principes fixes quelque peu plus forte.

Les eaux d'Aix-la-Chapelle ainsi que le démontre cette analyse sont donc *sulfurées sodiques*; quand elles sortent immédiatement de la source elles sont limpides et manifestent une odeur sulfureuse caractéristique; mais exposées pendant quelque temps à l'air libre, leurs principes volatiles s'échappent, elles se troublent et laissent déposer au fond un sédiment blanchâtre composé de souffre. Ces eaux ont un gout salin et une odeur sulfureuse que l'on peut comparer à celles des oeufs pourris.

De l'effet médical des sources sulfureuses d'Aix-la-Chapelle.

Nos sources sulfureuses ont conservé leur haute réputation acquise depuis un millier d'années, et cette réputation ne fera que croître aussi long-temps qu'elles continueront à jaillir de la terre. Aix-la-Chapelle n'est pas un de ces lieux de bains à la mode qui ne doivent leur renommée qu'à des moyens factices et équivoques. Les sources se recommandent par une épreuve long-temps soutenue; rangées parmi les remèdes les plus surs contre certaines maladies graves et enracinées, leur réputation s'est répandue dans le monde entier tant par les nombreux malades qui ont trouvé la guérison dans leur puissante vertu, que par la sanction médicale qui leur est universellement acquise.

Nous apprenons par leur analyse chimique que les quantités de carbonate de soude et de chlorure de sodium (sel commun), ainsi que de sulfure de sodium et d'hydrogène sulfuré qu'elles contiennent, leur assignent la première place parmi *les sources sulfureuses alcalino-muriatiques;* et que tandis que d'une part elles peuvent rivaliser par leur richesse en souffre et leur température avec les sources thermales des Pyrénées, d'une autre part elles sont supérieures à celles-ci par la quantité des sels qui y sont dissous, les rapprochant sous ce dernier rapport des sources de Wiesbaden, de Carlsbad et de Bade (en Suisse).

Nous allons à présent énumérer les différentes méthodes que l'on suit dans l'emploi de ces eaux, et les effets spéciaux de chacune d'elles, en y ajoutant une esquisse de leur effet général. *)

1. L'eau en boisson.

On prend les eaux pour l'usage intérieur habituellement à la fontaine Élise, qui ainsi que nous l'avons déjà indiqué est alimentée par la source de l'Empereur: par exception et quand l'état des malades ne leur permet pas de se rendre à la fontaine commune, on se sert de l'eau des maisons de bains.

---

*) Nous donnerons les règles spéciales pour l'usage de ces eaux dans un autre chapître.

Au commencement l'eau répugne plus par son odeur sulfureuse que par son gout salé, néanmoins les malades s'y habituent facilement et après quelque temps la boivent même avec plaisir. Prise en quantité relative avec la faculté digestive de l'invidu, cette eau développe dans l'estomac une chaleur agréable qui se répand par tout l'organisme; elle exerce sur la peau une action sudorifique, et très-souvent après quelques jours la sueur prend une odeur sulfureuse; les membranes muqueuses sont sollicitées à une secrétion plus abondante; son action sur les reins ne se manifeste pas seulement par une production plus copieuse d'urine, mais aussi par les propriétés alcalines qu'acquiert celle-ci; l'effet sur les intestins n'est pas toujours constant; l'eau produit bien souvent surtout dans le commencement de la cure, une constipation. Dans les cas d'hémorrhoïdes les eaux produisent quelquefois un écoulement sanguin ou muqueux. En général il est reconnu que l'usage de cette eau augmente l'appétit et que de légers symptômes gastriques et des congestions vers divers organes ne se produisent que par un usage abusif de cette eau, ou par quelque négligence dans la diète, et un affaiblissement accidentel de l'organe digestif.

2. Bains ordinaires.

Relativement à l'usage des bains on doit considérer en premier lieu la contenance des eaux en sels communs et alcalins (carbonate de soude), et ensuite en autres substances solides et gazeuses. L'eau agit sur toute la périphérie du corps et par cela sur les organes internes selon la témpérature et la durée du bain, la constitution du malade et la nature de son affection. Dans un bain de température ordinaire (de 26 à 29 R. = $32^1/_2$ à $36^1/_4$ C.) la peau est pénétrée d'une chaleur douce et bienfaisante qui provoque la transpiration; les mouvements du pouls et de la transpiration s'accélèrent d'abord pour se ralentir plus tard; le système nerveux se calme et la secrétion des reins augmente; cet état de bien-être se prolonge encore quelque temps même après le bain. *)

3. Les douches.

La plupart des succès remarquables obtenus par les eaux d'Aix-la-Chapelle sont dus à la perfection des appareils de douches et de bains à vapeur, ainsi qu'à leur mode d'application. Il n'est peut-être pas un seul lieu de bains en Europe aussi

---

*) Il n'est pas encore positivement démontré qu'il se produise pendant le bain par la peau une absorption des ingrédients solides dissouts dans l'eau; il est probable que les éléments gazeux que renferment l'eau pénétrent la peau. Il est presque incontestablement prouvé que de l'eau est absorbée par la peau pendant un bain d'une certaine durée. De quelque manière que cela se fasse, il est certain que par le bain les fonctions de la peau et des reins, et conséquemment les conditions de tout le système peuvent être modifiées.

Le montant des ingrédients solides contenus dans un bain (de 1000 ℔ d'eau) s'élève à peu près à $4^1/_6$ ℔, c'est-à-dire 42 onces de sel commun, $10^1/_2$ onces de carbonate de soude, $3^1/_2$ onces de sulfate de soude, 17 grains de brome, $2^1/_3$ grains de jode etc. etc.

favorisé sous ce rapport. L'appareil pour les douches est le suivant: l'eau sulfureuse est pompée dans une caisse en plomb à une hauteur d'environ 25 pieds; de là des tuyaux en plomb terminés par un tube flexible en cuir conduisent l'eau jusque dans la chambre de bains; l'intensité du jet peut être modifiée à volonté selon le besoin au moyen d'un robinet disposé près de l'extrêmité inférieure du tuyau. En adaptant à celui-ci une pomme percée de trous, la douche devient *un bain en arrosoir*. La température de la douche doit être fixée d'après la préscription du médecin. Dans plusieures maisons de bain il existe des appareils pour les douches dités *ascendantes* dont l'efficacité contre certains engorgements d'organes internes est incontestable. Dans chaque maison de bains il y a des personnes appelées *frotteurs* et *frotteuses* pour les deux sexes; elles entrent dans le bain avec le malade à l'effet de diriger le jet de l'eau vers les parties malades à doucher, et de les frictionner et de les masser avec leurs mains. Ces individus qui acquièrent par l'exercise une grande habilité exaltent par leurs manipulations dans beaucoup de cas l'efficacité des douches.

Les douches sont un agent puissant; elles doivent être employées avec modération, et jamais sans le conseil du médecin. Leur effet est dû à leur action excitante, qui peut être modifiée graduellement par leur mode d'application. Étant à même temps un dissolvant et un émollient, c'est un remède excellent contre les contractions, les raideurs des articulations et des muscles, les indurations, les tuméfactions, les paralysies etc. Contre les affections nerveuses on emploie souvent avec succès les douches en arrosoir.

4. Les bains de vapeur.

Les bains de vapeur que l'on trouve actuellement disposés dans toutes les maisons de bains, sont alimentés par les vapeurs naturelles (mélange de molécules gazeuses, salines et organiques et de vapeur d'eau) qui émanent de l'eau sulfuréuse que l'on fait tomber dans un canal sur un lit de petites pierres, permettant à la vapeur de ce dégager promptement. Cette vapeur penètre par un orifice dans une caisse en bois, dans laquelle le malade prend place, en laissant passer la tête par une ouverture ménagée à cet effet dans la partie supérieure de la caisse. La vapeur des sources hautes a habituellement une température de 35—37⁰ R. (43,75ᵛ—46,25⁰ C.). On trouve également des appareils pour *des bains de vapeur locaux,* dont on fait usage contre certaines affections locales. Après le bain le malade se met au lit dans une chambre voisine dans le but de favoriser la transpiration que provoque le bain.

Les bains de vapeur agissent principalement sur la peau en produisant une congestion et une irritation locale dans les nerfs de cet organe; en même temps la vapeur possède en elle même une propriété pénétrante et émolliente. Attendu qu'en échauffant le sang ces bains produisent souvent une congestion à la tête, et des palpitations; des sujets disposés à ces accidents ne doivent jamais prendre de bains de vapeur sans l'avis d'un médecin. Leur effet est diaphorétique, émollient et dissolvant, et par suite dérivatif des parties internes. Il s'y joint incontestablement une action directe des principes volatiles de la vapeur sur le sang à travers les téguments dont les propriétés absorbantes sont activées par la vapeur. Ces bains sont principalement indiqués dans les cas opiniâtres de rhumatisme et de goutte, dans les affections invétérées de la peau, et dans les maladies mercurielles et syphilitiques.

5. Aspiration des vapeurs sulphureuses.

Les appareils établis actuellement à Aix-la-Chapelle pour ce genre de traitement sont encore très imparfaits. Pourtant cette méthode recémment introduite en France et en Allemagne y a déjà produit des résultats excellents dans certains désordres chroniques des voies respiratoires (catharrhes négligés, asthme, raucité chronique, maladies du larynx etc.). Pour cette raison on a le projet de disposer prochainement dans ce but d'autres appareils sur une vaste échelle (des salles d'aspiration.). Il y a cependant peu d'endroits dans des conditions aussi favorables qu'Aix pour les cures d'aspiration des vapeurs sulfureuses, si l'on considère l'abondance de ces eaux, leur haute température et la facilité avec laquelle les principes sulfureux s'en dégagent. En introduisant ces nouveaux appareils dans les établissements thermales il sera possible de réaliser une combinaison favorable à *des cures d'hiver,* spécialement pour les individus atteints d'affections de poitrine; dans les cas de ce genre les effets salutaires d'une température tiède, toujours égale et saturée d'humidité produite par les vapeurs de nos sources, sont généralement reconnus. *)

Nous allons passer à présent de l'exposé de l'effet particulier des différents modes d'application des eaux sulphureuses d'Aix-la-Chapelle à celui de *l'action générale de ces eaux*. Elles sont, ainsi que l'a démontré leur analyse chimique aussi bien *sulfureuses* que *salino-alcalines*, et agissent en conséquence sur l'organisme humain en vertu de leur double propriété chimique. Comme eaux sulfureuses elles ont une influence spéciale sur le sang de la veine porte et sur tous les organes en rapport avec ce système (les viscères abdominaux et principalement le foie) d'une part en modifiant la composition du sang, d'autre part en activant sa circulation. Comme eaux thermales salino-alcalines elles exercent une puissante action sur la nutrition et produisent un effet en partie stimulant, en partie altérant; elles exaltent toutes les fonctions organiques, le renouvellement des substances organiques, favorisent la circulation, les sécrétions et l'absorption, tout en produisant un effet altérant sur l'acte de

---

*) Dans un mémoire (1853) nous avons exposé in extenso les grands avantages de cette méthode. On pourrait également établir avec succès des appareils pour *la pulvérisation de l'eau minérale*, recémment si vantée contre les affections des bronches.

l'assimilation. En conséquence de cette action générale, les eaux d'Aix sont d'une efficacité surprenante dans les maladies produites par une altération morbide des humeurs et des solides du corps humain, ainsi que dans les affections causées par l'inertie soit d'un organe spécial, soit de tout l'organisme.

Les organes sur lesquels les eaux d'Aix-la-Chapelle dirigent principalement leur action sont: la peau, les membranes muqueuses de l'estomac et des intestins, les reins, le système de la veine porte, les systèmes lymphatique et glandulaire. Comme indication de la promptitude avec laquelle ces eaux pénétrent l'organisme, nous pouvons mentionner leur action étonnante dans les cas morbides déterminés par certains poisons métalliques.

Y a t'il une distinction à faire entre les différentes sources relativement à leur effet curatif? est une question très-souvent adressée au médecin lorsqu'il s'agit de faire le choix d'une maison de bains. Au point de vue chimique, ainsi qu'il est établi plus haut, cette dinstinction est si insignifiante que l'on peut également la considérer comme telle relativement à l'effet curatif des differentes sources, opinion qui est prouvée par l'expérience; employée en bains et en douches l'eau de toutes les sources agissent de la même manière, pourvu qu'elle soit toujours amenée à la même température. Il n'en est plus de même s'il sagit de l'eau en potion, ou de bains de vapeur; dans le premier cas c'est la source de l'Empereur (conduite à la fontaine d'Élise),

la plus chaude et la plus saturée, qui est généralement préférée ; quant aux bains de vapeur, il faut
avant tout considérer la température de la source
et ensuite la quantité d'hydrogène sulfuré qu'elle
contient ; les vapeurs des sources hautes sont plus
chaudes que celles des sources basses ; par conséquent
le choix doit être déterminé selon la constitution du
malade et la nature de son affection.

Qu'il nous soit permis maintenant de prémunir
le lecteur contre un préjugé très-répandu non seulement parmi les malades, mais aussi parmi les médecins, relativement à l'action des bains d'Aix-la-
Chapelle, savoir que ces bains possèdent au plus
haut degré des propriétés excitantes et échauffantes ;
beaucoup de malades les considèrent comme un vrai
étang de soufre et n'y entrent la première fois
qu'avec crainte et défiance. Ce préjugé a pu prendre
naissance dans la supposition que ces eaux contiennent
beaucoup plus de souffre qu'il n'y en a réellement,
et que l'on prend les bains à la température naturelle
de l'eau à sa sortie de la terre. L'erreur de cette
opinion sera démontrée par l'expérience à chacun
qui en faisant usage des bains observera les précautions nécessaires quant à la température, la durée
etc. Après le bain on éprouve généralement une
sensation de quiétude et de bien-être, très-éloigné
de l'éffervescence ou de l'ébullition du sang que
le préjugé faisait redouter. La nature de ces eaux
et le mode de leur application impliquent un tel
résultat ; les ingrédiens sulfureux sont en quelque
sorte neutralisés par la présence des principes salins,

alcalins et organiques, tandis que la température du bain peut-être reglée à volonté à l'aide de vastes réservoirs dans lesquels l'eau naturelle peut-être refroidie jusqu'à une température qui dépasse rarement 28^0—29^0 R. (35^0—$36\frac{1}{4}^0$ C.). Ce que nous venons de dire des bains s'applique également aux autres modes d'administration des eaux; quant aux bains de vapeur qui exigent une température élevée, nous renvoyons aux observations qui seront exposées plus bas.

Ces eaux déterminent rarement une *crise violente;* elles opèrent plutôt d'une manière lente et douce en activant les sécrétions, principalement celles de la peau, des reins et des membranes muqueuses, et en exaltant la force résorbante. Si au début de la cure le malade éprouve quelquefois plus ou moins de fatigue et de faiblesse, il ne tardera pas à se sentir bientôt plus frais et plus fort à mésure que l'organisme se débarasse des principes qui entretenaient son état morbide. Cet effet des eaux d'Aix-la-Chapelle leur a fait attribuer ailleurs quelquefois les épithètes de *fortifiantes* et de *toniques;* nous ferons cependant observer que leur action tonique n'est pas directe (comme celle des eaux ferrugineuses), mais indirecte et consécutive.

Durant la cure des eaux il se produit quelquefois sur la peau une *éruption* offrant de petites pustules ou des tâches rouges; cela arrive le plus souvent aux personnes qui ont la peau délicate, et ces éruptions ne peuvent que rarement être considérées comme critiques. Elles disparaissent d'elles mêmes très promptement et doivent être distinguées d'autres éruptions qui sont un indice significatif de la présence de certaines affections spécifiques qui avaient été jusque là à l'etat latent ou obscur.

Un léger mouvement fébrile précède ou accompagne quelquefois la période de rétablissement. Après une certaine durée de la cure on observe fréquemment des syptômes d'exacerbation (particulièrement dans les affections rhumatismales et cutanées), ce qui est généralement d'un augure favorable. Par rapport à ce fait le celèbre dermatologe français Mr. *Devergie* constate qu'une eau minérale peut, par sa nature, modifier *très-avantageusement* des maladies chroniques, en exaspérant même l'affection; en faisant prendre à la surface malade une forme plus au moins aiguë et en lui mprimant un mode nouveau de vitalité.

Les changements qui se manifestent après qu'on a cessé la cure d'eaux ont été observés également par les malades et par les médecins, et peuvent être attribués avec raison à un *effet tardif* de la cure. Attendu que ces eaux sont principalement appliquées dans des maladies chroniques ou invétérées qui ne peuvent être guéries que très-lentement par l'accroissement des diverses sécrétions, il n'y a rien d'étonnant en théorie que la stimulation une fois communiquée à certains organes, continue encore quelque temps dans des conditions favorables, même après que la cure a cessé. Cet effet tardif rétablit souvent l'organisme dans ses conditions normales. Nous avons souvent vu partir des malades très-mécontents de l'emploi de nos eaux, et qui cependant se trouvèrent guéris plusieures semaines et même plusieurs mois après, sans avoir employé d'autres moyens curatifs. (Comparez les cas 13, 16, 30, 41).

Si l'on doit se soumettre à une médication antérieure à la cure, cela doit être laissé à l'appréciation du médecin. Dans quelques cas (tendance à la constipation, grande excitabilité du système nerveux, et dans la pléthore) une pareille médication peut matériellement favoriser le succès de la cure.

L'usage simultané d'autres médicaments pendant la cure, doit être aussi restreint que possible. Cette recommandition est surtout importante quand le malade a fait précédemment un grand abus de médicaments. Dans les embarras gastriques toutefois, dans des fièvres et autres affections aigües qui peuvent survenir dans le courant de la cure et dans d'autres cas où l'usage des eaux n'est qu'un auxiliaire, cette règle doit être nécessairement modifiée.

Le recours à d'autres sources minérales après la cure d'Aix-la-Chapelle ou une cure supplémentaire exigent une remarque spéciale. Un choix imprudent peut dans ce cas priver le malade de tous les bienfaits qu'il a retirés des eaux d'Aix, et du régime que leur emploi exige. Autrefois on préconisait en général quelques eaux ferrugineuses après les cures thermales dans l'espoir de renouveller l'organisme: aujourd'hui nos malades s'empressent volontiers de gagner les bords de la mer attendant un effet analogue des bains d'eau salée. Sans vouloir nullement déprécier les qualités des autre eaux, nous nous croyons fondés à donner à nos malades le conseil suivant: si l'on veut faire succéder aux eaux d'Aix-la-Chapelle celle d'une autre localité, de quelque nature qu'elles soient, on ne doit jamais s'y hasarder sans une entière certitude de leur convenance à la constitution du malade et à son état actuel, car dans le cas où une pareille détermination serait intempestive, elle pourait compromettre la crise par la peau et par les reins provoquée par la cure d'Aix-la-Chapelle, et cet inconvénient est trop grave pour être négligé pour des raisons de plaisir ou de mode! Supposant toutefois une nécessité réelle, il faut toujours mettre un intervalle d'au moins deux ou trois semaines entre les deux cures. La meilleure cure supplémentaire, ainsi que l'observe avec raison le Dr. *Grandidier,* c'est de continuer le régime qui convenait au genre de la maladie et à la nature des eaux que l'on a employées. Qu'il nous soit permis d'ajouter à cet excellent conseil, qu'il est très-profitable après une cure d'Aix-la-Chapelle de passer l'arrière automne et l'hiver suivant dans un climat méridional, ce qui convient particulièrement aux malades qui séjournent habituellement dans les pays du nord.*)

Nous allons maintenant décrire les divers maux contre lesquels sont indiquées les eaux d'Aix-la-Chapelle.

*) Comme meilleur succédané des eaux d'Aix-la-Chapelle nous recommandons „le sel thermal d'Aix,“ préparé par les pharmaciens MM. *Wings* et *Prätorius.*

I. Maladies cutanées.

Les eaux sulfureuses ont été longtemps préconisées dans le traitement des maladies de la peau. Ces eaux sont précieuses non seulement comme moyen préparatoire à l'emploi d'autres remèdes en restituant à la peau son état de souplesse et de perméabilité, et en mettant un terme à cette continuelle desquamation de l'épiderme qui est un des symptômes les plus opiniâtres; mais aussi comme agent unique sous l'action duquel tous les autres symptômes disparaissent successivement.

Les eaux d'Aix-la-Chapelle guérissent ou améliorent les formes les plus invétérées de maladies cutanées, qui ne sont en beaucoup de cas que le reflét d'une anomalie spéciale de la composition du sang (diathèse herpétique), et par suite de la nutrition, anomalie qui est souvent en relation avec des hemorrhoïdes, une menstruation irrégulière, un rhumatisme et la goutte, et des affections mercuro-syphilitiques. Les eaux activent les différentes sécrétions, corrigent cette façon toutes ces anomalies, et par là même exercent une action puissante sur les maladies cutanées, et déterminent leur élimination définitive.

Il n'est pas nécessaire de décrire les formes variées de ces maladies susceptibles d'être guéries par une cure d'eau à Aix-la-Chapelle; les plus fréquentes parmi elles sont surtout celles qu'on comprend par la dénomination générale „*dartres*," comme: *la lèpre, le psoriasis* (surtout quand il est *herpéti-*

forme), l'impétigo, les eczémas chroniques; ensuite *l'acné, le prurigo, les pityriasis versicolor* et *nigra;* enfin *l'urticaire, l'erysipèle* et le *scabies,* sous leur forme invétérée.

Il arrive souvent que pendant une cure d'eaux contre quelque maladie invétérée, il se développe des éruptions sur la peau; nous avons déjà parlé (p. 121) de quelques unes de ces éruptions; mais il y en a d'autres qui assument un caractère critique; leur apparition agit bien souvent contre un état morbide des organes internes (une altération des organes digestifs par exemple); souvent une éruption de ce genre rappelle le malade d'une affection cutanée, négligée ou mal soignée, et oubliée depuis longtemps.

Beaucoup de ces éruptions appartiennent aux maladies les plus opiniâtres du corps humain, et exigent pour leur guérison radicale des cures d'eaux réitérées; quelques unes rendent nécessaires d'autres cures avant ou après les eaux, ou l'adjonction de certains médicaments. D'autres s'aggravent pendant la cure d'eaux, surtout au commencement de celleci; mais c'est une circonstance qui ne doit pas alarmer le malade, car elle constitue en général un présage favorable.

1ʳᵉ Observation.
Dartres squameuses opiniâtres.

Une dame était affectée d'une affreuse maladie cutanée par tout le corps, sous la forme des grandes tâches rouges, couvertes d'écailles brunes; cette éruption produisait une démangeaison insupportable, et parfois l'écoulement d'un fluide

âcre. Elle avait résisté pendant des années à tous les remèdes.
Je prescrivis l'eau d'Aix-la-Chapelle intérieurement et extérieu-
rement; des bains simples avec des ventouses scarifiées, des
douches sur les parties les plus envahies, enfin des bains de
vapeur. Je nes fu pas peu surpris et satisfait quand au bout
de moins de trois semaines je vis cette dame débarassée de son
horrible maladie.

C. G. Th. Kortum.

2de Observation.

Éruption herpétiforme à la face.

Une dame, agée de 30 ans, assez bien constituée, avait
été atteinte d'une éruption herpétiforme, spécialement à la face,
à la suite d'un refroidissement qu'elle avait gagné après la
danse. Elle avait éssayé à Paris de tous les remèdes vantés
contre de pareilles affections, mais sans succês, et enfin elle
vint aux eaux d'Aix-la-Chapelle. Je prescrivis les eaux à l'intérieur et des bains simples tous les jours. Une quinzaine de
jours après la malade se plaignait d'une sensation de cuisson
et de démangeaison à la figure, et surtout aux yeux qui devin-
rint légerement enflammés. Alors je fis suspendre l'usage des
eaux pour quelques jours, et j'ordonnai l'eau de Seidlitz et des
ventouses scarifiées sur le cou, les bras et entre les épaules. Au
bout de peu de jours je la trouvai très soulagée. Après une
cure d'eau de trois semaines je prescrivis les bains de vapeur.
Après cela les hideuses écailles du nez, du front et du menton
commencèrent à ce détacher, et la peau affectait une surface
saine, quoique encore parsemée de tâches. Huit jours plus tard
elle partait d'ici parfaitement satisfaite. J'ai appris dans la
suite qu'elle était entièrement rétablie.

G. Reumont.

3me Observation.

Éruption herpétiforme avec violente démangeaison.

Un homme, agé de 39 ans, doué d'une forte constitution
et d'un tempérament sanguin, avait une disposition héréditaire
aux maladies de la peau, et à l'âge de 30 ans, après de fré-

quents voyages dans le Nord de l'Europe, pendant lesquels il avait vecu d'une façon fort irrégulière, il fut atteint d'une éruption herpétiforme sur diverses parties du corps, mais principalement aux bras et aux jambes. Il m'a affirmé qu'il n'avait jamais souffert d'aucune affection syphilitique. Pour se délivrer d'une maladie si incommode, il eut recours à divers remèdes, mais sans succès. La démangeaison était si continuelle qu'il pouvait à peine dormir. Je le trouvai d'une grande maigreur; aucun appétit, une langue chargée et d'autres symptômes d'un état anormal des organes digestifs. Je commençai le traitement par de légers purgatifs pendant quelque jours, suivis des eaux d'Aix sous toutes les formes. Au bout de huit jours j'ordonnai des ventouses scarifiées sur les parties les plus affectées, ensuite un repos de quelques jours et la reprise des bains, l'usage interne des eaux n'ayant pas été interompu. Tous les cinq jours il prenait un bain de vapeur: et les ventouses furent répétées pendant environ un mois. Le malade devint plus fort, les démangeaisons cessèrent et le sommeil revint. Après une cure de deux mois il quitta Aix à peu près guéri.

G. Reumont.

4ᵐᵉ Observation.
Dartre humide (Eczema impetiginodes).

Une dame allemande de 52 ans souffrait depuis plusieurs années de frequentes récidives d'une irritation des membranes muqueuses, irritation qui se manifestait principalement par des catarrhes de poitrine et des diarrhées. Ces symptômes ayant été sensiblement diminués, il se produisit, un an avant le commencement de la cure d'eaux, une éruption sur différentes parties du corps et principalement sur les parties sexuelles. Cette éruption laissait suinter un liquide séreux, et causait de vives démangeaisons et cuissons; plus tard une affection pustuleuse apparut à cette place ainsi qu'à la tête. De nombreux remèdes internes et externes avaient été vainement opposés à cette affection opiniâtre et tourmentante; dans ce nombre des bains de Barège artificiels, le mercure et l'arsénic; à la fin la malade fut envoyée à Aix-la-Capelle.

L'éruption appartenait à l'espèce nommée „Eczéma impétigineux“: la peau dans les endroits affectés était rouge, tuméfiée, et en grande partie couverte de croutes jaunes crévassées; par places se montraient des vésicules nouvelles et des pustules; la malheureuse malade n'avait pas un moment de repos à cause de la démangeaison intolérable et de l'excoriation de la peau qui déterminaient une grand faiblesse et un état nerveux; elle avait perdu de son embonpoint et l'appétit était diminué. Après que j'eusse régularisé son régime, elle commença à boire l'eau sulphureuse et à prendre des bains simples tièdes auxquels on ajoutait de l'amidon pour combattre l'excessive irritation de l'éruption. Après une cure de trois semaines la rougeur et la sécrétion séreuse de la peau avaient quelque peu diminuées, mais non la démangeaison. Tout en continuant la cure des eaux comme précédemment, je fis enduire les parties atteintes avec un onguent composé de l'huile de cade. Par l'effet de ce traitement l'éruption decroissait visiblement, la démangeaison cessa et trois semaines après l'une et l'autre avaient disparu. A cette époque il survint cependant une assez forte diarrhée qui dura quelques jours, mais sans produire aucun accident fâcheux. Au bout de dix semaines de traitement elle fut entièrement guérie de sa pénible maladie. Selon des nouvelles que j'ai reçues dans la suite, l'éruption n'avait plus reparu; mais la dame souffrait de nouveau d'affections catarrhales.

A. Reumont.

Nous rapportons aux maladies cutanées *les ulcères de la peau*, surtout ceux qui ont un caractère atonique, et contre lesquels les eaux sont d'un grand secours; également que *les sueurs locales abondantes*, principalement celles des pieds, dont la suppression est souvent si dangereuse. On verra dans les 6me et 7me observation que les bains, surtout ceux de vapeur, offrent un moyen diaphorétique puissant qui remédie à tous les accidents causés par la supression de la transpiration sensible.

9

5me Observation.

Ulcères.

Un officier hannovrien avait reçu plusieures blessures à la bataille de Fontenay, particulièrement dans le bras et l'épaule. En raison, d'une très mauvaise constitution ces blessures déterminèrent une fièvre, et ayant été imparfaitement soignées produisirent un abscès au coté; les blessures mêmes devinrent après la fièvre autant d'ulcères purulents. Dans cet état déplorable les médecins et les chirurgiens de l'hôpital ayant désespéré de le guérir, on l'envoya à Aix où il commença à prendre des bains de la grande source (de l'Empereur). En même temps il buvait l'eau de la source de Pouhou (de Spa). Ce traitement produisit un effet surprenant: la nature de la suppuration de ses blessures et de l'abcès s'améliora; la fièvre disparut, et il sembla gagner rapidement des forces. Au bout de trois semaines ses blessures et son abcès sécrétaient un pus de bonne qualité, mais il s'y produisait continuellement une quantité de bourgeons charnus qui étaient un obstacle à la cicatrisation. Alors il fut jugé nécessaire de suspendre pour quelque temps l'eau de Pouhon, tout en continuant les bains. Après six semaines les blessures et l'abcès étaient parfaitement guéris. Il fut ordonné alors de recommencer à boire l'eau de Spa, et de faire des petites promenades à cheval. Par ces moyens il fut rétabli dans son état primitif de santé et de vigueur.

J. Williams.

6me et 7me Observations.

Violents maux de tête à la suite d'une suppression de la transpiration des pièds.

Un Monsieur, jouissant jadis d'une bonne santé, était sujet à la transpiration des pieds pendant que le reste du corps ne transpirait pas. Cette incommodité fut arrêtée par l'application de quelques remèdes externes; mais non sans préjudice à sa santé générale. Il fut bientôt atteint des maux de tête si violents qu'ils le rendaient incapable d'aucune occupation. Dans sa disgrâce il consulta plusieurs médecins qui lui prescrivirent divers remèdes, sans réussir à le soulager. Enfin on lui conseilla d'essayer les eaux ·d'Aix-la-Chapelle dans le but de rappeler la transpiration des pieds. Des bains de vapeur *locaux* furent employés en conséquence, mais ils manquèrent entièrement leur effet. Alors on essayà des bains de vapeur *généraux ;* les maux de tête diminuèrent journellement jusqu'à à cesser tout-à-fait: la transpiration des pieds ne reparut pas, mais il s'en produisit une assez abondante aux aisselles, et le malade fut entièrement rétabli.

Veling.

Un négociant agé de 36 ans qui avait été affecté dans son enfance de transpiration des pieds, fut débarrassé de cette incommodité par un empirique à l'aide d'un traitement externe. Il fut affligé pendant trois ans de violents maux de tête, accompagnés de la sensation d'une calotte de plomb sur la tête. Au commencement de la cure le malade qui souffrait d'ailleurs de constipation et d'absence d'appétit, fut soumis à l'usage de l'eau de Seidlitz, ensuite à des bains et à des douches sur les pieds qui étaient constament secs et froids; enfin au bout de 15 jours à des bains de vapeur locaux. Après le 6me bain de vapeur le malade constata une remission dans ses douleurs et après une cure d'eaux de cinq semaines ses maux de tête avaient cessés et la transpiration des pieds était revenue quoiqu'à un faible degré.

G. Reumont.

II. Affections rhumatismales.

Parmi les diverses maladies dont les eaux d'Aix-la-Chapelle sont capable de triompher, les rhumatismes occupent un rang distingué; c'est surtout dans les phases chroniques que les malades (principalement ceux d'un tempérament flegmatique ou d'une constitution lymphatico-nerveuse) recourront avec avantage à ces eaux. Le docteur *St. W. Fuller* s'exprime ainsi sur *Aix-la-Chapelle* et *Ba-*

règes dans son excellent traité du rhumatisme:
„Ces deux endroits sont particulièrement convenables
aux personnes dont la circulation est lente, dont les
forces augmentent par la chaleur et dont les douleurs s'aggravent sous l'impression du froid."

Les diverses variétés de rhumatismes chroniques
dans lesquelles les eaux d'Aix-la-Chapelle sont salutaires, sont principalement les affections rhumatismales des muscles (Lumbago, les atrophies musculaires), des articulations — la goutte rhumatismale —
(comme raideur, tuméfaction), de divers organes
intérieurs (par exemple des intestins, de la vessie,
de la matrice, des yeux etc.), les névralgies (le
rhumatisme nevralgique-sciatique), enfin les paralysies rhumatismales. Il existe encore d'autres affections rhumatismales que l'on traite avec succès par
ces eaux, par exemple le rhumatisme gonorrhéen,
principalement une affection douloureuse des articulations du genou, du pied et du poignet.

Quant aux douleurs rhumatismales, loin de disparaître dans le commencement de la cure, elles
se montrent souvent avec plus de violence ou se
font sentir dans les parties du corps qui en avaient été
depuis quelque temps exemptes: d'après mes observations des symptômes presque toujours favorables.

8me Observation.

Rhumatisme musculaire très douloureux.

Une jeune dame de ce pays, agée de 26 ans, avait contracté à la suite d'un refroidissement des douleurs rhumatismales si violentes et accompagnées d'une telle rigidité dans

les muscles des bras, des épaules et de la partie supérieure du dos qu'elle avait perdu presque toute sensation dans ces parties et semblait toujours avoir la tête et les épaules serrées entre des barres de fer. C'est dans ces conditions qu'on l'amena à Aix, et qu'on lui conseilla de faire une cure d'eau de la grande source. Elle commença par en boire et prit les bains à l'établissement de la Reine de Hongrie; plus tard on lui appliqua les douches et les frictions énergiques avec la brosse anglaise. Elle fut entièrement guérie au bout de six semaines sans faire usage d'aucun autre médicament.

Williams.

9me Observation.

Rhumatisme articulaire chronique; atrophie des muscles de l'avant bras et de la main; grande faiblesse.

Une dame de 60 ans avait souffert depuis des années d'un rhumatisme articulaire, principalement des articulations des mains et des genoux qui étaient gonflées et presque toujours douloureuses. Cette affection grave et génante avait été traitée par une multitude de remèdes différents sans résultat. Par suite de ces longues souffrances la malade était tombée dans un état d'une grande faiblesse qui l'empêchait de quitter sa chambre. En même temps l'appétit et le someil diminuaient et augmentaient encore la faiblesse générale. La peau était toujours sèche et la malade était continuellement frileuse. Dernièrement les muscles de l'avant bras et de la main droits s'atrophiaient d'un degré de lui ôter toute la force dans ces parties. Dans cet état pitoyable la malade avait recours à nos eaux comme dernier remède.

Après avoir pris une douzaine de bains simples la malade sentit déja une diminution de ses douleurs; en même temps le sommeil et l'appétit augmentaient, et en vertu de cela sa nutrition et ses forces se relevaient. Dès lors les douches furent commencées, et quoique les premières augmentaient un peu les douleurs, les suivantes furent très-bien supportées; elles faisaient décroître le gonflement des articulations affectées et produisaient plus de légèreté dans les mouvements, de telle façon que la malade pouvait faire de petites promenades. En même temps les muscles atrophiés commençaient peu à peu à accroître et la force de la main droite à reparaître. Les organes digestifs étant maintenant en bon état, la malade commençait à prendre des préparations ferrugineuses qui augmentaient beaucoup ses forces. Vers la fin de la cure les bains de vapeur furent donnés qui n'avaient pas la moindre influence débilitante, agissant par une transpiration abondante salutairement sur la disposition rhumatismale et les symptômes locales. La dame faisait maintenant avec grande facilité de longues promenades. Après une cure de deux mois elle quittait Aix-la-Chapelle très-satisfaite de son état de santé qui n'était pas si bien depuis des années.

A. Reumont.

10ᵐᵉ Observation.

Rhumatisme compliqué d'affection hémorrhoïdale; insensibilité et faiblesse des membres inférieurs.

Un militaire agé de 40 ans, d'une constitution forte et vigoureuse mais avec un système nerveux extraordinairement irritable, se plaignait depuis un an de douleurs rhumatismales errantes dans diverses parties du corps. Pendant la dernière guerre il avait beaucoup souffert de fatigues et d'une fièvre rhumatismale. Enfin le rhumatisme se fixa sur les membres inférieurs; ceux-ci étaient d'abord le siège de violentes douleurs et plus tard d'insensibilité et de faiblesse. Ses souffrances étaient augmentées par des hémorrhoïdes très-douloureuses. En raison de la constipation dont était affecté le malade à son arrivée, je lui ordonnai pendant quelques jours l'usage de l'eau de Seidlitz et l'application de sangsues aux hémorrhoïdes engorgées à fin de les vider. Après cela il commença à prendre les eaux intérieurement, des bains simples de 26⁰ R. et des douches sur l'épine dorsale et les extrémités inférieures. Après six semaines de cure il éprouva un grand soulagement quant aux hémorrhoïdes, mais l'insensibilité et la faiblesse des jambes n'avaient pas varié. Alors je fis doubler la force des douches et appliquer trois fois par semaine des ventouses sur les membres inférieurs et les lombes. Au bout de quinze jours (pendant lesquels il avait continué de boire et de prendre les bains de les douches) la sensibilité et la force étaient revenues quoiqu'à un faible degré. Après cela il prit encore quelques bains de vapeur et quitta Aix-la-Chapelle tout-à-fait rétabli.

G. Reumont.

11me Observation.

Menstruation difficile par suite de rhumatisme.

Une demoiselle de 21 ans fortement constituée avait été réglée à l'age de 15 ans, mais depuis ce temps sa menstruation s'opérait toujours avec difficulté. Étant une fois revenue très-échauffée d'un bal pendant une nuit froide, elle se refroidit et commença à souffrir de douleurs aigües. Depuis ce temps chaque époque menstruelle était signalée chez elle des crampes violentes, du délire et des convulsions. Les remèdes qui furent employés ne produisirent aucun résultat durable. Soupçonnant une affection rhumatismale de l'utérus, on lui conseilla une cure d'eau et de bains à Aix; dix jours avant l'apparition présumée de la menstruation elle prenait des douches sur les lombes et la partie inférieure de l'épine dorsale, ainsi que des lavemens d'eau minérale. La première menstruation qui survint fut moins douloureuse et sans délire, mais accompagnée d'un accès nerveux. Ayant continué le même traitement pendant les deux époques suivantes, elle put quitter Aix-la-Chapelle parfaitement guérie.

G. Reumont.

12me Observation.

Sciatique (Rhumatisme névralgique).

Une dame de 38 ans bien constituée, s'étant fortement refroidie, a été prise de vives douleurs à la hanche droite. Dans peu de temps tout le membre inférieur correspondant fut tellement paralysé qu'elle ne pouvait qu'avec grande peine se

traîner dans sa chambre d'une chaise à une autre. Après avoir
essayé sans résultat de différent remédes, elle vint à Aix.
Elle souffrait horriblement, et passait pour la plupart toutes les
nuits sans sommeil. La cuisse droite était remarquablement
amaigrie. Je lui fis prendre pendant les premiers cinq jours
des bains simples de 26° R. par une demie heure par jour;
ensuite j'ordonnai deux jours de repos et après des douches sur
toute l'étendue du membre affecté. Trois semaines se passérent
sans aucun changement. Je prescrivis alors de poser huit
ventouses scarifiées sur la partie malade et de suspendre la
cure pour quelques jours. Depuis le commencement elle avait
bu à la source abondament. Après les ventouses les douleurs
avaient sensiblement diminué; la cure fut reprise jusqu'à la
sixième semaine, avec addition de 4 bains de vapeur. Je n'avais
encore obtenu par ces moyens aucun autre résultat que la diminution des douleurs. Quinze jour après le départ de la dame
d'Aix, il se manifesta une grande amélioration qui se termina
par son complet retablissement sans le secours d'aucun autre
traitement.

G. Reumont.

13me Observation.

Goutte rhumatismale; paralysie incomplète.

Un hollandais, âgé de 54 ans, primitivement robuste et bien
portant, avait été atteint pendant de longues annécs d'une
goutte rhumatismale, particulièrement dans les articulations du
genou et de la hanche, causant une douleur continuelle, surtout pendant la nuit, dans les articulations raides et tuméfiées.
Cette affection a été longtemps negligée, puis vainement traitée,
finalement déclarée incurable. Le malade résolut cependant,
comme dernière ressource, de prendre les eaux sulfureuses. Il
arriva à Borcette pendant l'été de 1823, et commenca à faire
usage des eaux sous toutes les formes; pendant la cure on lui
ordonna trois ou quatre fois des ventouses sur les parties affectées. Pendant la dernière semaine de son séjour à Borcette
il se crut un peu mieux. Lors de son départ je lui conseillai

d'attendre l'effet tardif de sa cure d'eau. Au mois de février suivant je reçus de ses nouvelles; il m'écrivait qu'il était alors en état non seulement de s'occuper de ses affaires, mais même de faire ses promenades d'une demie heure; qu'il n'avait employé aucun autre remède depuis qu'il avait quitté Borcette, et qu'il attribuait sa guérison du violent rhumatisme, dont il souffrait depuis plus de 17 ans, à l'éffet des sources de Borcette. Dans une seconde lettre il m'annonça que sa santé était retablie entièrement et d'une manière permanente.

G. Reumont.

14me Observation.

Paralysie rhumatismale (Hémiplégie).

Un Monsieur belge de 36 ans d'une assez bonne constitution, souffrait depuis quelque temps d'un rhumatisme chronique. Étant échauffé il s'expose un jour à un froid considérable, et il fut subitement frappé d'une paralysie du coté droit. Depuis ce moment il ne sentit plus de douleurs dans les autres parties du corps; quoique la langue n'ait pas été épargnée dans le premier moment, toute fois quelques jours après il put commencer à parler. Différents remèdes (entr'autre l'électricité) ayant échoué, il prit le parti de recourir aux eaux d'Aix. Quand je le vis pour la première fois, il avait de la peine à se transporter d'une chaise à une autre, et il n'était pas en état d'écrire une ligne. Je lui prescrivis des bains de siège et principalement les douches sur le dos et les extrémités paralysées. Après la dixième douche il put remuer le doigts et écrire quelques lignes. Au bout de quelques jours de repos la cure fut reprise dans les mêmes conditions, et à la fin de la deuxième semaine le retour des forces vitales dans les membres affectés devint tous les jours plus sensible. Après cinq semaines de traitement il quitta Aix entièrement retabli, et avant son départ il écrivit à sa famille une longue lettre très-lisible.

G. Reumont.

III. Affections morbides

tirant leur source du système de la veine porte
*(goutte, tendance à la gravelle, hypertrophie du foie
et de la rate. Hémorrhoïdes).*

Nous avons déjà signalé à l'attention du lecteur l'action qu'exercent les eaux sulfureuses en général sur la veine porte et les divers organes qui sont en rapport avec elle — spécialement le foie et la rate — en purifiant le sang et favorisant sa libre circulation. C'est pourquoi les eaux d'Aix-la-Chapelle sont particulièrement salutaires contre les maladies qui dérivent d'une altération dans le susdit système. De pareilles altérations, quoiqu'ayant des rapports communs, diffèrent essentiellement entr'elles ; ce sont principalement la *goutte* (ou l'altération du sang par l'acide urique), *l'hypertrophie du foie et de la rate et les hemorrhoïdes.*

Dans ces affections il est important pour le succès de la cure que le malade se soumette strictement au régime prescrit par le médecin. Dans ces cas l'eau prise à l'intérieur est le moyen principal, quoique les bains et les douches sont aussi d'une grande valeur.

Contre la *goutte* une cure des eaux d'Aix peut rendre de grands services quand elle a dégénérée en état chronique, et quand il se manifeste de la raideur dans les articulations et les ligaments, raideur qui persiste encore longtemps après la disparition de l'état inflammatoire, et qui détermine une paralysie incomplète des membres. Le Docteur *Garrod,* un éminent auteur anglais qui a écrit tout récemment sur la goutte, affirme: »que les eaux d'Aix-la-Chapelle conviennent surtout aux sujets goutteux dont la peau est rude et sèche; et dans les cas où la raideur et la faiblesse des articulations se manifestent à un haut degré.« En outre, il sera très-salutaire de faire l'emploi de ces eaux dans les cas où la goutte semble avoir été eloignée par une cause quelconque de son siège primitif, et reportée sur des autres organes (la goutte retrograde) qui seront affectés d'une manière différente (p. e. des affections névralgiques et asthmatiques). Dans des cas pareils il arrive quelquefois qu'un accès de goutte se produit pendant la cure, et apporte alors un grand soulagement aux affections secondaires.

Il y a des cas de prédisposition à la goutte (le plus souvent héréditaire) dans lesquels il n'arrive pas d'accès réguliers. Elle se manifeste par divers symptômes, principalement dans l'abdomen (p. e. des crampes ou aigreurs de l'estomac, flatuosités; dyspepsie, colique, affaissement du moral etc.); ou bien l'affection goutteuse alterne avec les hémorrhoïdes et certaines affections de la peau (Psoriasis, Eczéma, Acné). Dans tous ces cas les eaux constituent un agent précieux.

15ᵐᵉ Observation.

Tumeur goutteuse de l'articulation du poignet droit.

Un homme de 30 ans, ayant une disposition héréditaire à la goutte, souffrait souvent de douleurs goutteuses au poignet et au coude. Il s'y produisit à la fin une tumeur trés-volumineuse et très douloureuse qui le priva presqu'entièrement de l'usage de la main. La cure qu'il fit ici consista en bains simples, et après que la tumeur était devenue moins douloureuse, en douche sur le poignet et sur le bras, ainsi qu'en bains de vapeur locaux de cette partie. Au bout de 20 jours le malade éprouva des douleurs goutteuses non seulement dans le bras affecté, mais aussi dans differentes parties du corps; la tumeur du poignet avait tellement diminuée à cette époque qu'au bout de 10 jours le malade était en état de plier et d'étendre les doigts sans douleur appréciable. Il continua encore pendant trois semaines les bains et les douches, et après avoir pris quelques bains de vapeur, il quitta Aix-la-Chapelle en parfait état.

G. Reumont.

16me Observation.

Paralysie goutteuse des deux mains.

Un jurisconsulte hollandais, âgé de 40 ans, avait long-temps souffert d'une goutte atonique irrégulière, et avait perdu graduellement l'usage de ses mains, les doigts s'étant contractés tous les jours d'avantage. Après l'avoir soumis pendant 10 jours à un traitement médical dirigé en vue de fortifier la constitution affaiblie du malade, je lui fis prendre de demis bains, ainsi que des douches avec de légères frictions sur les poignets et le dos; en même temps je lui fis boire l'eau minérale. Après 20 jours de cure il se sentait beaucoup mieux aussi bien relativement à son état général qu'à la force de ses mains; il pouvait étendre les doigts, quoiqu'avec quelque difficulté. Après quatre semaines il quitta Aix dans un état visiblement amélioré, et en promettant de revenir l'été suivant pour compléter sa cure. Mais, ce qui arrive souvent, l'éffét tardif des eaux, le dispensa d'un second traitement; à la fin de l'hiver suivant il m'informa de sa complète guérison, survenue peu de temps après son départ d'Aix-la-Chapelle, et sans l'intervention d'aucun traitement médical ultérieur.

G. Reumont.

17ᵐᵉ Observation.

Colique opiniâtre (affection goutteuse des intestins.)

Une dame de 40 ans, mère de six enfants bien portants, mais souffrant quelquefois elle même d'affections goutteuses, ayant pris froid fut presqu'instantanément saisie d'une violente colique qui malgré tous les remèdes la faisait souffrir continuellement d'avantage. Elle avait le teint pâle et jaune, la peau sèche et le pouls dur; elle était constipée, et souffrait pendant quelques heures tous les jours de la colique ce qui arrivait principalement pendant l'acte de sa digestion constamment laborieuse. Les extrémités inférieures étaient atteintes d'une paralysie incomplète. Ces pénibles accidents semblaient reconnaître pour cause une affection goutteuse des intestins. Une cure d'eau en boisson, en bains, en legères douches sur le dos et en lavemens; poursuivie pendant quinze jour, aména une grande amélioration: sa constitution se fortifia, la digestion devint plus facile, la peau plus douce, la démarche plus aisée et les accés de colique diminuèrent sensiblement de force et de durée. Ce traitement fut continué pendant quatre semaines, après quoi elle fut entièrement rétablie.

G. Reumont.

18ᵐᵉ Observation.

Leucorrhée invétérée en rapport avec une goutte socatique.

Une dame de 32 ans avait souffert pendant plusieurs années de leucorrhée et en même temps de douleurs dans les deux hanches, douleurs qui de temps à temps avaient fortement augmentées. Ayant examiné ce cas avec soin j'acquis la conviction que ce mal avait pour cause une goutte; son histoire ainsi que deux affections morbides appuyèrent mon opinion qui fut aussi justifiée par l'excellent effet des eaux. Des bains, des douches sur les lombes et les deux hanches, l'usage interne et des injections d'eau sulfureuse dans le vagin opérèrent en trois semaines une remission des douleurs goutteuses et de l'écoulement. Ce traitement fut continué jusqu'à la fin du second mois (avec dix jours de repos dans l'intervalle), époque où la dame quitta Aix entièrement guérie. Des nouvelles que je reçus plus tard, confirmèrent le succès de la cure.

G. Reumont.

C'est un fait reconnu que *la diathèse goutteuse* est en liaison avec la formation de la *gravelle* et de la *pierre*. Quoique les eaux d'Aix-la-Chapelle ne puissent dissoudre les *calculs*, néanmoins par leurs propriétés alcalines elles s'opposent à la formation de la gravelle, et favorisent son expulsion par les urines. Dans *le catarrhe de la vessie* qui se lie si souvent aux affections calculeuses, ces eaux sont d'une utilité remarquable.

19ᵐᵉ Observation.

Affection goutteuse des voies urinaires.

Un Russe, âge de 46 ans qui avait précedemment éprouvé plusieurs accès de goutte, mais dont il était tout-à-fait delivré, évacuait dans ses urines avec plus ou moins de douleur une quantité considérable d'une substance rouge aréneuse que je reconnus être de l'acide urique à peu près pur. Deux jours avant son arrivée à Aix il avait évacué avec une violente douleur une urine mélée de mucosités et de sang. Tous ces accidents duraient encore; je trouvai son pouls dur et plein, sa face colorée, la région de la vessie tuméfiée et très-douloureuse au toucher. Une saignée, des bains de siège d'eau commune tiède, un lavement d'infusion de chenevis etc. calmèrent ces symptômes. Quelques jours après il commença à boire l'eau sulfureuse en commençant par 20 onces par jour, et en allant graduellement jusqu'à 60; il prenait en même temps des bains simples et des douches sur la région des reins qui pendant quelques jours était devenue le siège principal des douleurs. Au bout de quatre semaines il se manifesta un soula-

gement sensible dans tous les symtômes; il continua la cure
encore pendant trois semaines, et puis je lui ordonnai quelques
bains de vapeur après lesquels j'eus la satisfaction de le voir
retourner das son pays en parfaite santé.

G. Reumont.

20ᵐᵉ Observation.
Gravelle.

Un anglais déjà avancé en âge avait souffert 15 ans
avant sa mort de douleurs néphrétiques si vives qu'elles lui rendaient la vie insupportable. Après avoir essayé de tous les
remèdes recommandés dans des cas pareils par les médecins
anglais, il entreprit une cure à Aix-la-Chapelle dont il employa
l'eau intérieurement et en bains simples deux et quelquefois
trois fois par semaine pendant la saison. Il s'ensuivit qu'en
très peu de temps il fut débarassé de ses vives douleurs, et
evacua avec l'urine une grande qnantité de gravelle avec quelques petites pierres. Quand ses maux recommençaient, il était
constament soulagé par une cure pareille. Même dans les
dernières années de sa vie, quand les forces vitales avaient
diminué et quand ses souffrances étaient devenues plus aigues,
il se trouvait toujours soulagé en faisant usage des eaux d'Aix-
la-Chapelle.

Williams.

Une longue et nombreuse série d'observations
a démontré l'éfficacité des eanx d'Aix-la-Chapelle
contre *les maladies du foie et de la rate*, et les
états morbides qui en sont des conséquences (jau-
nisses invétérées, fièvres quartes opiniâtres, calculs
bilieux, asthmes). Autrefois les eaux d'Aix étaient
très-recommandées contre ces affections, mais plus
tard on leur préféra d'autres eaux, quoique ces
premières conviennent spécialement aux cas *d'hypertrophie simple* du foie et de la rate, causée par
congestion passive et ses conséquences. Nous exami-

nérons plus bas dans la dernière section quelques autres affections du foie.

21me Observation.

Obstruction du foie (Jaunisse).

Un médecin allemand âgé d'environ 60 ans, d'une constitution naturellement faible et délicate, et habitué à une vie sédentaire, était atteint d'une profonde altération du sang et des humeurs, et avait en conséquence des obstructions dans les vaisseaux capillaires, ainsi que dans le foie et le mésentère. Il se forma sur plusieures parties de son corps des anasarques qui devinrent flatueuses et d'une couleur jaune pâle, accompagnées d'une respiration difficile, de tuméfaction et d'engorgement au mésentère, et d'une faiblesse telle qu'il pouvait à peine marcher. Il venait à Aix dans cet état qui donnait en apparence si peu d'espoir, et commença à boire l'eau de la grande source, n'en prenant d'abord que quatre verres par jour, et augmentant graduellement cette dose jusqu'à huit; en même temps il se baignait dans les bains de l'Empereur. Les eaux tenaient son corps ouvert et le purgeaient parfois jusqu'à deux foix par jour; mais leur effet principal avait lieu par la transpiration et les urines. Ayant continué ce traitement pendant trois semaines, il se trouva considérablement soulagé; tous les symptômes susdit disparurent, et cette circonstance permet de conclure que les obstructions du foie et du mésentère avaient été dissous, du moins dans une certaine mesure. Je lui prescrivis alors de boire l'eau sulfureuse encore pendant une semaine, sans prendre aucune espèce de bain; après ce temps de boire de l'eau de Pouhon, et de prendre tous les deux ou trois jours un bain de vapeur. Ayant suivi ce traitement pendant quatre semaines, les anasarques et les obstructions dans les viscères furent totalement détruites. Plus tard, je lui ordonnai l'usage de fortes eaux ferrugineuses, conjointement avec l'écorce de quinquina pour fortifier sa constitution relâchée, et il recouvra toute sa santé primitive.

Williams.

22ᵐᵉ Observation.

Hypertrophie du foie.

Un Écossais de 38 ans, bien constitué, avait gagné aux Indes une inflammation du foie qui fut incomplétement guéri par des saignées et le Calomel: il conservait néanmoins un engorgement du foie qui lui causait par fois de vives douleurs et gênait sa respiration. Le malade avait un teint livide et plombé, et les yeux ternes et jaunâtres; la région du foie était visiblement tuméfiée et molle au toucher; les évacuations peu abondantes, l'urine très-colorée; la digestion pénible. La cure consista à boire l'eau à hautes doses; à prendre des demi bains et des douches accompagnées de légères frictions sur la région du foie. Au bout de cinq semaines on pouvait constater une amélioration notable dans tous les symptômes morbides, et principalement une modification favorable dans la région du foie. Ce traitement fut continué pendant un mois, après quoi le malade quitta Aix entièrement guéri.

G. Reumont.

23ᵐᵉ Observation.

Hypertrophie du foie, jaunisse invétérée, calculs biliaires.

Une dame agée de 57 ans avait souvent souffert plusieurs années après l'époque de la cessation de ses règles d'une jaunisse qui semblait avoir un caractère spasmodique et se passait chaque fois très-vite. Ayant éprouvé à plusieurs reprises des chagrins et de nombreuses contrariétés, elle eut un accès violent de jaunisse accompagné de douleurs et d'une distention de la région du foie. Cette affection fut très-opiniâtre et ne céda qu'au bout de deux mois; une quinzaine de jours après son rétablissement un nouveau chagrin et un refroidissement amenèrent une rechute précédée de violentes attaques nerveuses pendant lesquelles la malade perdait connaissance. On lui conseilla alors comme dernière ressource les eaux d'Aix-la-Chapelle. Quand je la visitai la première fois elle se plaignait d'une dou-

leur vive et incessante dans la région du foie considérablement
tuméfiée. Son apparence ictérique et cachectique, de fréquentes
envies de vomir et des exacerbations périodiques des douleurs
me firent soupçonner la présence des calculs biliaires. Le traitement que je prescrivis consistait à boire l'eau minérale à doses
graduellement croissantes jusqu'aux plus élevées, à prendre des
bains ordinaires et des douches en arrosoir sur la région du
foie. Au bout de six semaines il se manifesta une amélioration évidente. Ayant toujours examiné avec soin les déjec-
tions j'y découvris un jour un calcul de forme arrondie et pesant 25 grains. Le traitement susmentionné fut continué pendant
six semaines, après lesquelles la malade fut entièrement rétablie.

G. Reumont.

24ᵐᵉ Observation.

Fièvre intermittente quarte.

Un homme de 40 ans avait souffert d'une fièvre quarte
pendant quatre mois avant d'arriver à Aix. Il avait le teint
jaune, les pieds enflés et une diarrhée continuelle. Je lui conseillai de boire les eaux sulfureuses. Depuis ce temps la fièvre
diminua et cessa enfin tout-à-fait. Après quelques semaines la
diarrhée cessa aussi, et le malade quitta Aix-la-Chapelle entièrement guéri.

Veling.

Les eaux d'Aix-la-Chapelle sont une ressource
précieuse contre *les hémoroïdes* principalement dans
la période qui exige une évacuation fréquente et
régulière de sang. Si par une cause quelconque
une pareille évacuation a été interrompue, il s'ensuit
souvent des affections de divers organes qui offrent
plus ou moins de gravité. Dans d'autres cas, quand
le flux hémorrhoïdal cesse, il se manifeste des éruptions à la peau (Eczéma, Prurigo, Acné.) Toutes
ces affections peuvent être traitées avec succès par

les eaux d'Aix qui provoquent souvent le retour du flux hémorrhoïdal, et par là soulagent considérablement le malade. L'eau sulfureuse prise en boisson est dans ces cas la partie essentielle du traitement.

25ᵐᵉ Observation.

Suites de la suppression d'un écoulement hémorrhoïdal.

Un gentilhomme russe, agé de 42 ans, fortement constitué et ayant un teint basané, avait souffert pendant plusieurs années de congestions hémorrhoïdales, le plus souvent accompagnées de vives douleurs, et de temps en temps d'un écoulement de sang qui avait cessé depuis environ un an. Le malade n'ayant pas la possibilité de soigner cette irrégularité pendant la dernière guerre (1814), l'affection s'aggrava; il s'ensuivit une constipation et de fortes congestions à la tête. — A son arrivée à Aix, il se pleignait de ténesmes douloureux, de constipation, de maux de tête etc. etc. Après quelques remèdes préliminaires (sangsues à l'anus, eau de Seidlitz etc.) il commença à prendre des demi bains et à boire l'eau à doses croissantes. Comme il avait les fibres de la peau âpres et sèches, j'ordonnai des douches avec frictions sur toute la surface du corps. Je répétai l'application de sangsues, et remplaçai momentanément l'eau minérale par l'eau de Seidlitz. Après une cure de six semaines le malade fut délivré de son mal.

G. Reumont.

26ᵐᵉ Observation.

Affection hémorrhoidale invéterée.

Un Français, agé de 50 ans qui avait longtemps habité St. Petersbourg y ménant un genre de vie très-fatigant, était sujet depuis plusieurs années à une pléthore de l'abdomen, et par suite d'une affection hémorrhoïdale. Cet individu — véritable type du tempérament atrabilaire — avait le teint jaune, les conjonctives des yeux dans un état d'irritation per-

manente, la peau sèche, l'abdomen gonflé et tendu, la langue
blanche et chargée, l'appétit presque nul, les selles rares, l'humeur toujours sombre et abattue. Il se plaignait de douleurs
très-vives principalement dans la partie inférieure du dos; malgré l'existence de tumeurs hémorrhoïdales il n'avait jamais eu
d'écoulement sanguin. Le malade commença à prendre les
eaux à doses croissantes, et à faire usage des bains. Au bout
de quelques jours il éprouva une sensation de bienêtre qu'il
ne connaissait plus depuis longtemps. Je lui prescrivis alors
des douches sur la partie inférieure du dos. Immédiatement
après sa première douche il eut une évacuation très-abondante
de couleur noirâtre qui produisit un grand soulagement dans
toute son économie. En continuant les bains, les eaux et les
douches il se manifesta une amélioration très-notable, et surtout
une diminution des douleurs; les excrétions intestinales devinrent aussi régulières. Vers le quartorzième jour de la cure
il se produisit une recrudescence subite des douleurs: je lui fis
prendre une douche qui provoqua encore une évacuation extraordinairement abondante d'un mélange de mucosités et de sang
qui fut presque instantanément suivie d'une diminution très-
considérable des douleurs. Depuis ce temps le malade continua à avoir des selles bilieuses et muqueuses qui étaient souvent précédées de congestions à l'occiput. Après une cure de
cinq semaines le malade quitta Aix dans un état manifestement
amélioré. D'après des nouvelles que j'en reçus postérieurement
les excrétions bilieuses avaient continué encore pendant quelque temps, mais ensuite étaient survenus un rétablissement
complet et la jouissance d'une santé extraordinairement bonne.
L'été suivant il révint à Aix en bonne santé, et fit une seconde
cure par précaution, pour se prémunir contre le retour de ses
anciens malaises.

A. Reumont.

IV. Suites de blessures, fractures, luxations etc.

Depuis les temps reculés jusqu'à nos jours les bains d'Aix-la-Chapelle ont été renommés contre *les suites des blessures graves*. Après chaque guerre importante Aix-la-Chapelle se peuplait d'une multitude de blessés de toute espèce qui, ayant quitté les hopitaux comme incurables, retrouvaient souvent ici une guérison complète par l'usage de nos eaux thermales. Nous trouvons dans tous les écrivains sur Aix-la-Chapelle des exemples surprenants sur ce sujet, et les anciens balnéologues tirent de cette catégorie de faits les conséquences les plus heureuses sur les propriétés curatives des bains d'Aix-la-Chapelle.

Les suites de blessures sont de diverses espèces et consistent principalement en: projectiles et esquilles demeurés dans les tissus, plaies fistuleuses ou ouvertes, cal, carie et nécrose des os; puis par suite des lésions dans les articulations, les muscles et les nerfs il se produit des ankyloses, des contractures, des brides, des paralysies incomplètes et des névralgies. Après des fractures et des luxations de la jambe il restent souvent de la raideur, de l'immobilité et des contractures de membre blessé. Ces conditions sont quelquefois compliquées de rhumatisme et de goutte. Les douches sont alors extraordinairement salutaires, surtout si elles sont combinées avec des frictions et une gymnastique

locale qui consiste à plier et étendre les membres;
cependant les bains de vapeur si puissamment émol-
lients sont aussi d'une utilité incontestable dans des
cas pareils. Les corps étrangers (projectiles, esquilles etc.) sont souvent éliminés et expulsés spontanément de leur gîte sous l'influence de ce traitement.

27ᵐᵉ Observation.

Insensibilité et immobilité d'une jambe blessée par un boulet de canon.

Un Lieutenant-Colonel français avait eu la partie char-
nue de la jambe emportée par un boulet de canon et les nerfs
et les tendons fortement endommagés. Comme aucun os n'était
fracturé, la blessure fut guérie en très-peu de temps si l'on
considère sa nature et son étendue; mais toute la jambe et le
pied restèrent froids et insensibles avec impossibilité complète
de les mouvoir. On essaya divers moyens échauffants et sti-
mulants, mais sans succès; et à la fin il fut décidé qu'il se
rendrait aux bains sulfureux d'Aix-la-Chapelle. Il commença
d'abord à prendre des bains ordinaires: alors il prit des bains
de vapeur et obtint bientôt un changement favorable, et en
prenant ces bains et dirigeant la vapeur sur les parties affectées pendant deux semaines, il fut guéri de l'insensibilité et
de la paralysie, et, ce qu'il y a de singulier, la jambe et le pied
reprirent le volume et l'embonpoint normaux, excepté bien entendu dans les endroits où il y avait perte de substance.

Williams.

28ᵐᵉ Observation.

Raideur (Ankylose) de l'articulation du genou, par suite de dépôt purulent causé par une fracture de la cuisse.

Un militaire, agé de 28 ans, bien constitué, avait reçu
un coup de pied de cheval qui lui causa une fracture longitu-

dinale de la partie inférieure de la cuisse gauche avec lésion des condyles. Le quinzième jour après l'accident l'appareil fut levé: le cal semblait bien consolidé, mais huit jours plus tard on découvrit un abscés dans la région du genou qui, quoique convénablement soigné, se termina par une raideur (ankylose) du genou. Divers modes de traitement ayant échoué et le genou restant presque sans mouvement, le malade vint recourir aux eaux d'Aix-la-Chapelle. Après l'application de la douche sur l'articulation affectée pendant 25 jours, on lui massa légèrement le genou en le pliant et l'étendant; le malade ayant encore pris dix bains de vapeur locaux, put mouvoir le genou lui même et circuler dans sa chambre avec l'aide d'une canné. A la fin du 3me mois il quitta Aix-la-Chapelle; la force du genou était à moitié revenue. Selon des renseignement postérieurs, l'état de son genou s'améliora encore plus tard.

G. Reumont.

29me Observation.

Raideur (Ankylose) des deux genoux à la suite d'une blessure de balle à fusil.

Un militaire de 40 ans avait reçu plusieurs balles dans les deux cuisses à proximité des genoux; après la guérison de ces blessures les génoux étaient restés raides et immobiles. C'est avec difficulté qu'il marchait sur des béquilles; et il avait des douleurs rhumatismales dans les deux articulations, surtout pendant la nuit. — Après qu'il eût pris trente bains avec douches et quatre bains de vapeur locaux, les genoux devinrent moins raides et la douleur disparut; après quelques bains ordinaires et de vapeur il se fit un changement sensible dans les articulations; quelques jours plus tard il jeta de côté une de ses béquilles que la seconde ne tarda pas à suivre, et alors il quitta Aix entièrement guéri.

G. Reumont.

30ᵐᵉ Observation.

Paralysie incomplète (Paresis) des membres supérieurs, suites de plusieurs blessures.

Un officier général avait reçu un coup de feu qui lui fractura la première côte du coté gauche, et contusiona la clavicule qui s'exfolia. Après que la blessure fût guérie il lui resta une vive douleur dans l'épaule correspondante avec impossibilité de mouvoir le bras gauche. Quelque mois plus tard un éclat de mitraille lui contusiona si violement l'articulation de l'épaule droite que le bras correspondant fut paralysé pendant deux mois. L'articulation de l'épaule gauche qui n'était pas encore entièrement guérie, fut de nouveau attaquée par ce dernier coup. Les deux membres supérieurs étaient en état de paralysie; il ne pouvait pas supporter alors le mouvement de l'équitation sans de vives douleurs et des accès de fièvre. Il vint à Aix, où il prit pendant six semaines les bains ordinaires et des douches sur les parties affectées avec un succès complet; après dix jours de cure il pouvait mouvoir les bras avec plus de facilité; quinze jours plus tard il était en état de monter à cheval pendant deux heures sans la moindre douleur. Une seconde cure pareille l'été suivant compléta son rétablissement.

G. Reumont.

31ᵐᵉ Observation.

Paralysie du bras droit, suite de luxation.

Une officier ayant fait une chute de cheval se luxa l'articulation de l'épaule droite; l'essai que l'on fit pour réduire la luxation manqua, et le condyle de l'os exerçant une pression sur les nerfs, il s'ensuivit une paralysie du bras, qui persista même après que la réduction fut pratiquée convenablement. Quatre mois après l'accident le malade vint à Aix-la-Chapelle. Après quinze jours d'application des douches avec frictions sur la clavicule, il n'y eut aucun changement. Après un intervalle de quelques jours le même traitement fut repris pendant une autre quinzaine, et alors le malade remarqua tout à coup une sensation de fourmillement dans le bras paralysé. Depuis ce temps le bras devint plus. fort, et après trois nouvelles semaines de cure il put le mouvoir. Les bains et. une quinzaine de douches qu'il prit encore lui ayant rendu l'usage de son bras, il retourna dans son pays; depuis, il m'a informé par lettre qu'il avait entièrement recouvré l'usage de son membre paralysé.

G. Reumont.

32ᵐᵉ Observation.

Fracture composée.

Un ingénieur français après s'être cassé une jambe qui lui fut bien remise à Paris, se trouva tout à coup privé de l'usage de ce membre. Pendant une cure d'eaux à Aix-la-Chapelle (en douches?) un abcès se forma dans le voisinage de la fracture remise; cet abcès s'ouvrit spontanément et expulsa une grosse esquille. Bientôt après le malade recouvra l'usage de sa jambe.

Veltug.

33ᵐᵉ Observation.

Raideur et tuméfaction considérables de l'articulation du pied après une luxation.

Un négociant allemand agé de 35 ans et d'une constitution remarquablement robuste, fit une chute sur un terrain gelé et se luxa l'articulation du pied droit. Nonobstant un traitement chirurgical bien entendu, cinq mois après l'accident l'articulation luxée était encore tout-à-fait raide et tuméfiée; en sorte que le malade était obligé de marcher sur des béquilles; plus tard il put circuler avec le secours d'une canne, mais non sans de vives douleurs. Après avoir essayé de plusieurs remèdes externes il eut recours aux eaux d'Aix. L'articulation affectée était considérablement tuméfiée et presque tout-à-fait raidie par des épanchements qui s'étaient solidifiés dans l'appareil ligamentaire; cette partie était extrêmement douloureuse par la pression ou le mouvement; c'est avec beaucoup de peine qu'il pouvait faire quelques pas en se traînant. Le malade étant, comme nous l'avons dit, d'une constitution excessivement vigoureuse et jouissant d'ailleurs d'une santé parfaite, il fut en état d'entreprendre une cure d'eaux très-énergique dans le but de provoquer le plutôt possible la resorption de l'épanchement. Après quelques bains ordinaires je lui prescrivis de prendre tous les jours une douche avec frictions sur la partie affectée, et quelques jours plus tard, pour accélérer la resorption, un bain de vapeur local immédiatement avant la douche. Ce traitement fut continué pendant six semaines sans interruption, et avec le plus grand succès: la raideur et la tuméfaction avaient disparu tout-à-fait, et la mobilité normale de l'articulation était revenue au point de permettre au malade de faire de longues promenades sans fatigue ni douleur et même sans le secours d'une canne. Quatre mois après qu'il avait quitté Aix, le succès de la cure continua à être complet et il ne lui restait pas la moindre trace de son affection passée.

A. Reumont.

V. Scrofules. Tumeurs du sein. Indurations du col de la matrice et des testicules.

L'abondance du sel marin dans les eaux d'Aix-la-Chapelle a suggéré l'idée de leur effet salutaire contre *les scrofules*; et l'expérience l'a confirmée pour certaines formes de cette maladie, quoique les eaux salines plus fortes (comme Kreutznach, Rheme, Nauheim etc.) soient généralement plus efficaces dans ces cas là. Les formes de maladies scrofuleuses pour lesquelles les eaux d'Aix conviennent le mieux sont celles qui sont combinées avec la syphilis (v. IX), particulièrement les affections du périoste et des os,

et certaines éruptions de la peau et les ulcères. Ces
eaux produisent aussi une action très-bienfaisante
dans quelques affections strumeuses legères des
enfants.

34me Observation.

Tumeur énorme (hyperostose) du tibia, avec douleurs
nocturnes; diathèse scrofuleuse.

Un Russe, agé de 30 ans, d'une assez bonne constitution,
mais qui avait manifesté depuis sa première enfance une disposition scrofuleuse et souffrait des hémorrhoïdes, avait été atteint
huit ans auparavant d'une affection syphilitique, contre laquelle
on avait employé de faibles doses de mercure, mais des quantités considérables d'iode. Quelques mois après et tandis qu'il
s'imaginait être complètement guéri, il se forma sur le tibia
droit une tumeur qui, malgré l'application de tout genre de
remèdes (excepté toutefois les mercuriaux) augmentait sans
cesse et lui causait de vives douleurs. Je trouvai le tibia de
la jambe droite d'une grosseur double de son volume normal
et pas douloureux aux toucher; le testicule droit ramolli et
atrophié; l'épididyme gauche induré; le nez couvert d'une
éruption (Acné rosacea). — Je prescrivis au malade de boire
les eaux et de prendre des bains ordinaires. Au bout de cinq
jours de traitement la tumeur commença à devenir moins douloureuse. Depuis lors il prit des douches en arrosoi rsur la parti ema-
lade, et plus tard ces douches furent remplacées par des douches
ordinaires. En mêmes temps il commença à prendre intérieurement de l'iodure de fer; plus tard j'y ajoutai encore des bains
de vapeur. Après trois semaines les douleurs nocturnes avaient
entièrement cessé et l'éruption du nez à peu-près disparu. Au
centre de la tumeur de l'os il s'était formée une dépression, et
depuis ce temps toute la tumeur commença à diminuer; de
sorte qu'après sept semaines de cure il n'en restait plus que le
tiers visible; tous les autres symptômes décrurent également et
le malade reprit graduellement son état de santé. Au prin-

temps suivant j'eus l'occasion de m'assurer par moi-même que la santé de ce Monsieur qui avait passé l'autômne et l'hiver en France et en Italie était dans un état excellent; une tumeur légère du tibia était restée stationaire, mais sans causer aucune douleur, ni aucun trouble dans l'économie.

A. Reumont.

Ainsi que contre les scrofules les eaux d'Aix agissent de même contre des affections analogues, telles que: *tumeurs du sein* (de nature non cancreuse), *engorgements de la prostate* et des *glandes ingrinales, quelques indurations du col de la matrice* (souvent acompagnéés de flueurs blanches) et *des testicules* etc. Quelques unes de ces affections semblent être en rapport avec d'anciennes éruptions de la peau. Dans les indurations du col de la matrice les douches ascendantes rendent de grands services.

35ᵐᵉ Observation.

Tumeurs du sein.

Une dame, agée de 32 ans, et jouissant d'une bonne constitution, fut atteinte bientôt après un accouchement et à la suite d'un refroidissement d'une inflammation du sein droit qui se termina par une suppuration. L'abscès s'ouvrit spontanément, mais il resta une induration qui devenait par fois très-douloureuse et resistait à tous les traitements. Outre cela elle eut le malheur de se donner un coup à la partie malade contre une table, en suite de quoi il s'y forma plusieurs tumeurs. Une cure d'eau pendant six semaines à Aix-la-Chapelle, principalement sous formes de douches en arrosoir sur la partie affectée, la débarassa entiérement des douleurs et des tumeurs.

G. Reumont.

36ᵐᵉ Observation.

Tumeur et induration du col de la matrice;
flueurs blanches.

Une dame, agée de 32 ans, souffrait depuis trois ans d'une leucorrhée qu'elle attribuait à deux accouchements laborieux. Elle se pleignait de douleurs dans le col de l'uterus avec augmentation d'écoulement blanc à l'approche des époques menstruelles. L'ayant examinée avec soin je trouvai à la partie postérieure du col de la matrice une tumeur indurée et assez volumineuse dont la pression mécanique pouvait être une cause d'irritation qui occasionnait l'affection. Le traitement défectueux d'une ancienne éruption à la peau de nature scabieuse s'emblait aussi n'avoir pas été étranger à la production de cet effet. Cela me fit espérer un bon résultat de l'emploi des eaux d'Aix qui furent administrées intérieurement ainsi que sous forme de bains ordinaires et d'injections dans le vagin. Au bout de trois semaines la leucorrhée commença à diminuer; la tumeur se ramollit; les douleurs cessèrent; il ne se manifesta aucune éruption, mais une transpiration abondante et d'une odeur très-forte. Le traitement fut continué pendant deux mois; pendant la dernière quinzaine j'ajoutai à l'eau sulfureuse pour les injections une certaine quantité d'extrait de cigüe. La dame quitta Aix tout-à-fait guérie.

G. Reumont.

37ᵐᵉ Observation.

Engorgement du testicule.

Un homme, agée de 50 ans, d'une constitution vigoureuse et d'un tempérament bilieux, était atteint depuis son enfance d'une éruption urticaire de la peau qui réparaîssait chaque année. Depuis deux ans il avait contracté à la suite d'une légère contusion un hydrocèle accompagné d'engorgement et d'induration du testicule. On avait établi et entretenu un cautère sur la cuisse droite, on avait ponctionné à deux reprises la serosité du scrotum, mais l'induration du testicule persistait.

Différents médicaments (Mercure, Jode etc.) furent essayés, mais sans succès. A la fin le malade se rendit à Aix-la-Chapelle, et y prit les eaux pendant 75 jours, tout en faisant beaucoup d'exercice en plein air. L'éruption urticaire se manifesta à un degrée considérable en grande partie aux environs de l'ulcère artificiel de la cuisse, où il se forma bientôt des pustules rappellant beaucoup par leur apparence celles de la variole des enfants; une grande dartre apparut également sur le pied gauche. Depuis lors l'engorgement induré du testicule diminua notablement, l'éruption de la peau disparut, l'ulcère se cicatrisa et le malade fut entièrement guéri.

G. Reumont.

VI. Maladies des membranes muqueuses.

(Catarrhes chroniques des organes respiratoires, de la muqueuse gastrique et intestinale, et de la vessie).

Menstruation irrégulière.

Parmi ces affections, contre lesquelles les eaux d'Aix-la-Chapelle sont éminemment salutaires, nous donnerons la première place au *catarrhe de larynx, de la trachée et des bronches,* principalement chez les sujets d'un tempérament phlegmatique combiné avec un état pléthorique des viscères abdominaux, un affaiblissement des fonctions du foie, et une disposition goutteuse ou hémorrhoïdale. L'usage des eaux est aussi très-récommandé dans *l'aphonie* survenue à la suite d'un catarrhe négligé. Dans toutes ces affections l'eau prise en boisson est le principal moyen curatif, ainsi que les bains généraux; mais l'inspiration des vapeurs naturelles de l'eau minérale est particulièrement efficace.

Remarque. Dans les cas de congestions sanguines aux poumons, de fièvre larvée ou de crachements de sang, on doit s'abstenir de l'usage des eaux d'Aix-la-Chapelle.

38me Observation.

Catarrhe chronique des bronches.

Un comte polonais avait conservé à la suite d'une grave maladie de poitrine une disposition très-prononcée aux affections catarrhales des bronches. Il avait une forte toux accompagnée d'expectorations visqueuses souvent colorées en jaune. L'influence fâcheuse d'un climat septentrional avait aggravé son mal qui était outre cela compliqué d'une disposition hémorrhoïdale et goutteuse. A son arrivée à Aix-la-Chapelle il présentait les premiers symptômes d'une consomption imminente. Après quelques jours de repos je lui prescrivis de boire l'eau sulphureuse à petites doses, coupée avec du lait; en même temps il prenait de l'exercise dans la halle de bains, afin de pouvoir aspirer les vapeurs de la source. Huit jours plus tard il prit l'eau minérale pure à la dose de huit verres de six onces, et j'ordonnai de temps en temps des lavements d'eau minérale. Son état s'améliorait tous les jours: il gagna des forces, la nutrition s'activa, et son extérieur devint meilleur; la toux cessa, et les expectorations devinrent d'une nature plus favorable. Ayant continué cette cure pendant six semaines, je lui ordonnai quelques bains tièdes avec frictions; puis il quitta Aix dans un état très-satisfaisant.

G. Reumont.

Les eaux d'Aix-la-Chapelle présentent également de grands avantanges dans *le catarrhe chronique de la membrane muqueuse des intestins* (diarrhée fréquente), alternant souvent avec de la constipation et accompagnée de coliques et d'une digestion laborieuse, ce qui a quelquefois pour cause une circulation défectueuse dans la veine porte.

Nous avons mentionné ailleurs les effets de ces eaux dans *le catarrhe de la vessie* (p. 142) et dans certaines maladies de femme (p. 156); mais nous avons encore à parler des cas de *menstruation difficile ou supprimée;* elles agissent souverainement dans ceux de ces cas qui sont dûs à des conditions rhumatismales ou hémorrhoïdales. Ayant déjà cité une observation de menstruation irrégulière (11me observation), nous allons passer à celle d'une suppression des règles.

39me Observation.
Menstruation supprimée.

Une jeune dame de 25 ans, ayant éprouvé une grande frayeur pendant sa menstruation, la vit tout à coup cesser et ne plus reparaître. En dépit de tous les remèdes cet état anormal dura deux ans; elle avait le teint pale, était très-amaigrie, se pleignait de lassitude, de vertiges, de fréquents maux de tête et avait l'humeur abattue. Avant son arrivée à Aix-la-Chapelle elle souffrait outre cela d'hémorrhoïdes. Elle commença à boire l'eau et à prendre les bains avec beaucoup de précaution. Quinze jours plus tard je lui ordonnai des douches sur les lombes et les reins, des sangsues aux tumeures hémorrhoïdales et l'exercice à cheval tous les jours. Sous l'influence de ce traitement elle se rétablissait visiblement; l'appétit était devenu bon, sa gaieté était revenue et elle avait gagné des forces; mais la menstruation ne reparaissait pas. Au bout de deux mois la malade quitta Aix-la-Chapelle, elle continua toujours à monter à cheval tous les jours, mais ne fit plus usage d'aucun médicament. Deux mois après ses règles reparurent et signalèrent son entier rétablissement.

G. Reumont.

VII. Maladies du système nerveux.

Si l'on considère que beaucoup des affections nerveuses ont pour cause la goutte, le rhumatisme, des affections de l'abdomen, des éruption cutanées ou des transpirations brusquement supprimées, l'ingestion de poisons métalliques etc.: il est naturel de conclure qu'une eau minérale qui agit si puissamment contre ces diverses causes orginelles doit être un remède efficace dans un grand nombre d'affections morbides du système nerveux qui en dépendent — *sublata causa tollitur effectus.* — Les affections que nous considérons ici sont principalement du genre des *paralysies* (complètes et incomplètes), des *névralgies* et des autres affections nerveuses.

1. *Paralysies.**) Il faut admettre que ces eaux ne sont pas aussi efficaces contre les paralysies (hémiplégies) consécutives à une attaque d'apoplexie, que contre celles qui sont dues à des accidents d'un autre genre, ne produisant pas de lésion organique dans les centres du système nerveux (paralysies métastatiques). Le principal service que rendent les eaux d'Aix-la-Chapelle dans les paralysies apoplectiques consiste à améliorer les conditions de l'économie générale du malade, et à faire disparaître les relâchements et les contractions musculaires. Néanmoins on a vu quelques cas où une cure d'eaux d'Aix-la-Chapelle avait amené la guérison complète

---

*) Nous avons déjà parlé des paralysies d'origine goutteuse et rhumatismale; quant à celles qui sont causées par le mercure et la syphilis, il en sera traité plus loin.

des malades de cette espèce. La cure doit être entreprise avec la plus grande précaution dans le but d'éviter une nouvelle attaque d'apoplexie; pour cette raison on ne doit la commencer qu'un certain temps après que l'attaque a eu lieu; les bains généraux doivent être à une température plus basse qu'à l'ordinaire, et dans beaucoup de cas on n'emploiera que des demi-bains. S'il y a une disposition aux congestions à la tête ou aux constipations, on défendra l'usage des eaux en boisson. Il est quelquefois urgent d'ajouter à l'eau sulfureuse des purgatifs salins. Les douches avec frictions produisent souvent d'exellents résultats; mais les bains de vapeur généraux ne doivent pas être employés, et les bains de vapeur locaux (des membres inférieurs, selon les cas) peuvent l'être seulement dans quelques cas exceptionnels.

40ᵐᵉ Observation.
Hémiplégie du côté gauche.

Madame L., âgée de 59 ans, d'un tempérament sanguin a cessée d'être réglée à l'âge ordinaire de 49 à 50 ans. Sujette à une humeur dartreuse qui se portait à différentes parties, mais particulièrement à la tête et aux oreilles, on lui a établi il y a plusieurs années un cautère au bras. Un jour après un fort diner Mad. L. fut frappée d'apoplexie, l'invasion de cette maladie fut vive et allarmante, les secours furent prompts. La malade fut attaquée d'une hémiplégie du côté gauche, cependant la parole demeura à peu près libre, la bouche fut seulement un peu contournée. Le bras gauche et toute l'extrémité inférieure gauche restèrent entièrement paralysés, et quoique la malade parlât, s'agitât beaucoup et répondit même plus ou moins parfaitement aux questions qu'on lui faisait; ce ne fut pourtant qu'au bout de 15 jours que le sentiment et le jugement parurent tout-à-fait libres, et qu'elle déclara de ne point se ressouvenir de tout ce qui était passé.

Plusieurs moyens curatifs furent employés tant à l'extérieur qu'intérieurement avec peu de succès et ce ne fut que 4 mois après que les membres paralysés manifestèrent un peu d'action, ce qui fit croire aux médecins traitans que les eaux d'Aix-la-Chapelle pourraient produire un effet salutaire sur l'état de la malade. Ainsi elle se rendit dans cette ville.

L'ayant préparée par quelque minoratif, je lui fis prendre pendant 4 jours de suite la douche tout le long de la colonne vertébrale et sur les extrémités du côté paralysé. La malade supportant parfaitement bien la douche, nous ne mimes qu'un seul jour d'intervalle, et je lui fis continuer la douche de la même manière. Une constipation habituelle me forçait à répéter de temps en temps les minoratifs. Tous les soirs je lui fis faire aux parties susdites une friction avec l'opodeldoc. Au bout de 3 mois de traitement l'état de la malade était considérablement amélioré, elle pouvait sans assistance faire le tour de sa chambre et porter le bras malade à la tête. La dame pensait de revenir l'été suivant pour compléter sa guérison, mais dans le printemps, après plusieurs fautes contre la diète, elle fut atteint d'un nouveau coup d'apoplexie qui, sans laisser temps à l'homme de l'art de venir à son secours, l'emporta.

G. Reumont.

Dans les paralysies produites par *une affection organique de la moëlle épinière* (paraplégie), on ne doit rien attendre d'une cure d'eaux d'Aix; quant aux paralysies dues à des *maladies des enveloppes de la moëlle épinière* (tumeurs des vertèbres, exsudations sur les membranes etc.) qui portent souvent un caractère goutteux, rhumatismal ou syphilitique, on peut quelquefois leur appliquer avec succès une cure d'eaux.

Certaines espèces de paralysies ont leur source dans une altération morbide non des centres nerveux, mais dans des affections de certains nerfs: dans ces cas là les eaux d'Aix sont d'un grand secours. A cette catégorie appartiennent: les paralysies survenant à la suite d'un accouchement laborieux, celles du bras et de la main causées par une pression sur les nerfs correspondants, celles des membres inférieurs consécutives à des dysenteries prolongées etc.

41me Observation.

Paralysie de la jambe gauche, suite de l'accouchement.

Une dame du Brabant qui avait eu de violentes hémorrhagies à la suite d'un enfantement laborieux, s'exposa à une température froide, et éprouva soudainement une telle raideur et une telle pesanteur dans la cuisse et la jambe gauches qu'elle en perdit l'usage, y conservant à peine des traces d'une faible sensibilité. Divers traitements, parmi lesquels une cure d'eaux de Spa, furent employés sans succès. Les bains ordinaires d'Aix-la-Chapelle à la grande source, combinés avec les douches et des frictions avec une brosse sur le membre affecté, la rétablirent si bien qu'au bout de deux mois elle était en état de marcher. Alors elle commença à prendre des bains de vapeur dirigée sur la partie affectée seulement, et à boire l'eau de Pouhon. Au bout de trois mois elle recouvra la sensibilité, le mouvement et l'usage de son membre.

Williams.

42me Observation.

Paralysie des membres inférieurs, à la suite d'une dysentérie opiniâtre.

Un homme de 30 ans fut atteint d'une violente dysentérie qui se termina au bout de six semaines par une diarrhée chronique, suivie de paralysie des membres inférieurs avec tumeurs douloureuses aux deux genoux. Les jambes étaient constament à demi fléchies. Trois semaines de bains ordinaires et de douches sur les membres inférieurs depuis les lombes jusqu'aux pieds, produisirent une telle amélioration que le malade pouvait fléchir et étendre les genoux; mais il ne fut en état de marcher qu'après avoir poursuivi la cure pendant deux mois; quelque temps après il était entièrement rétabli.

G. Reumont.

Les eaux d'Aix-la-Chapelle sont souvent d'un grand secours dans *les tremblements de divers membres* qui ne proviennent pas d'une faiblesse générale, mais d'une perturbation de l'action nerveuse, et peuvent être considérés comme un premier degré de paralysie. Nous nous proposons de parler plus bas des tremblements symptomatiques d'une ingestion de poison métallique.

43me Observation.

Un homme, agé de 50 ans et jouissant en général d'une bonne santé, avait un tremblement extraordinaire dans les deux mains, et il ne l'attribuait à aucune autre cause que d'avoir soulevé une fois un fardeau pésant dans un mouvement de colère subite, car c'est alors qu'il fut pris instantanément de ce tremblement. En six semaines il fut guéri par les douches.

Veling.

Dans les temps modernes on a beaucoup préconisé les eaux sulfureuses contre la *Chorée* (Danse de St. Guy) et les maladies de caractère spasmodique analogues. En considérant leur effet puissant dans d'autres effets morbides, on peut parfaitement en attendre un bon résultat dans les maladies nerveuses dont nous parlons. Il en est de même de *l'atrophie musculaire progressive* qui se résout en une dégénérescence graisseuse des muscles, et qui est presque toujours une paralysie partielle.

2. *Névralgie.* Cette affection douloureuse est une de celles qui présente la resistance la plus opiniâtre aux traitements médicaux. Les eaux d'Aix en agissant sur la course de la névralgie, ont souvent le pouvoir de la guérir. Pour cela elles doivent être appliquées avec énergie et pendant un temps plus long que dans les autres maladies.

44ᵐᵉ Observation.

Mal sciatique du côté gauche avec ammaigrissement considérable de toute la cuisse.

Un homme, agé de 44 ans, assez robuste et ayant toujours joui d'une assez bonne santé, s'exposa pendant plusieurs jours du mois de Décembre à l'humidité froide, imprudence qui eut pour suite une sciatique des plus violentes. Les douleurs s'étendaient depuis le grand trochanter du côté gauche le long de la cuisse et de la jambe jusqu'au pied; la cuisse du côté malade fut extrêmement maigrie et presqu'atrophiée, la marche fut très-difficile, et la moindre flexion du genou causait des douleurs très-vives. L'extrêmitée opposée fut ménacée de la même maladie, déjà des élancemens douloureux se faisaient sentir dans la hanche du côté droit. Le malade avait eu en outre une anorexie complète, et passait souvent deux à trois jours sans prendre le moindre aliment. En Flandre notre malade avait employé plusieurs remèdes appropriés à sa forme de maladie sans le moindre succès de manière qu'il se décidait à venir aux eaux d'Aix-la-Chapelle dans l'espoir d'y trouver son salut.

Le malade demanda mon secours le jour même de son arrivée et à la première visite je trouvai la cause de la grande faiblesse et de la maigreur excessive de la cuisse gauche dans un grand vésicatoire, qui avait couvert toute la surface extérieure de la cuisse, et que l'on avait fait suppurer d'une manière excessive pendant deux mois. Heureusement le malade, assez robuste d'ailleurs, avait pu supporter la suppuration abondante d'une surface aussi considérable, suppuration, qu'on eut enfin l'heureuse idée de supprimer, il est vrai, beaucoup trop tard.

Nos eaux ayant été dans un grand nombre de cas pareils à celui-ci employées avec infiniment de succès, j'en conseillai l'usage immédiat à notre malade, tant à l'intérieur qu'en forme de bains, et lui fis prendre en même temps des douches depuis la hanche jusqu'au pied du côté affecté. J'aurais encore mis à profit les bains de vapeur, si de fortes congestions vers la tête n'en avaient pas défendu l'usage. Au bout de sept semaines j'eus la satisfaction de voir partir mon malade parfaitement rétabli, il marchait sans la moindre difficulté et la cuisse avait répris son embonpoint ordinaire.

Ce qui mérite encore d'être observé, c'est que notre malade après avoir bu les eaux thermales pendant quelques jours, regagna son appetit tellement qu'il avait de la peine à se modérer aux répas. D'après mes observations ce fait est presque constant, et se trouve en opposition avec l'opinion vulgaire.

G. Reumont.

45ᵐᵉ Observation.

Névralgie opiniâtre du nerf sciatique (complication syphilitique).

Un polonais agé de 40 ans, ayant été souvent exposé à l'inclémence du temps pendant son service à la douane, souffrait de fréquents rhumatismes; il avait aussi subi une cure antisyphilitique (frictions mercurielles) et était atteint depuis cinq ans d'une violente névralgie du nerf sciatique gauche qui persistait encore malgré tous les remèdes employés. L'hiver dernier après un violent mal de tête, accompagné de coryza, il se manifesta par le nez un écoulement de pus mêlé de sang qui dura quelques mois après quoi le mal de tête se dissipa. Pendant le printemps le malade fit une cure à Carlsbad qui guérit un engorgement de foie qu'il avait, mais n'aména aucun changement dans la névralgie. Ayant examiné ce malade d'une apparence bilieuse, je ne trouvai aucune altération dans la région du foie; il y avait quelques excoriations superficielles à la muqueuse du nez; le nerf sciatique était très-douloureux, et la douleur augmentait par la pression ou le mouvement. Sur un des os de la jambe (capitulum fibulae) il y avait une tumeur douloureuse qui s'était formée depuis l'apparition de la névralgie. Des bains ordinaires d'abord et des douches plus tard amenèrent bientôt un soulagement notable des douleurs névralgiques; des transpirations abondantes s'ensuivirent, et au bout de quatre semaines la névralgie était guérie totalement. Les symptômes syphilitiques furent traités ultérieurement par de l'iode.

A. Reumont.

(Comp. aussi la 12me Observation.)

VIII. Troubles causés par des poisons métalliques.

Les altérations morbides produites par des poisons métalliques (principalement *le mercure, le plomb, le cuivre* et *l'arsénic)*, soit dans l'économie générale, soit dans différents organes, ont reclamé depuis les temps anciens une cure des eaux d'Aix-la-Chapelle. Si l'on considère le fait que dans des cas pareils les poisons susnommés ont été trouvés en nature dans différentes parties du corps (le foie, la rate, les poumons, les reins, les muscles et les os), on verra combien ces eaux jouent un rôle actif dans le changement de substance (la nutrition) des divers organes. Il est certain que dans les cas ou le malade avait pris du mercure dans les années précédentes de la cure d'eaux, celle-ci provoque une salivation et même des ulcères mercuriels de la bouche, ce qui démontre que ces eaux ont la propriété de reporter dans le torrent de la circulation des particules de ce métal depuis longtemps dissimulées dans quelqu'organe. Les principaux symptômes que présentent les malades qui ont pris du mercure pendant longtemps et inconsidérément sont: une grande faiblesse des muscles, une perte d'embonpoint, le manque de sommeil, un teint pâle, la tuméfaction et la congestion des gencives, la salivation, des douleurs dans les articulations et les os, des éruptions de la peau, des ulcères, la diarrhée, des coliques, des spasmes et un tremblement des membres qui augmente en passant par tous les degrés de paralysie jusqu'à la plus complète. Les tumeurs et la carie des os étant mois fréquentes et appartenant plutôt à la Syphilis proprement dite. *)

---

*) En parlant des troubles causés par l'usage du mercure, nous entendons les affections produites par certaines professions assujéties à manipuler le mercure, ainsi que celles qui résultent d'un emploi imprudent de ce métal dans certaines maladies. Quoiqu'il soit difficile de séparer d'une manière absolue les symptômes mercuriels des syphilitiques, la plupart des cas que nous allons citer présentent le vrai caractère de maladies causées par le mercure, alors que l'influence syphilitique était déjà probablement éteinte. La coexistence des deux maladies (mercurielle et syphilitique) sera toutefois prise en considération plus tard.

46ᵐᵉ Observation.

Maladie mercurielle.

Une dame de 36 ans d'une constitution faible avait pris
à son insu pendant six semaines du mercure que lui administrait
une méchante femme dans le but de l'empoisonner lentement.
Il s'ensuivit une extrême faiblesse, un amaigrissement extraordinaire, des spasmes, l'insomnie, des coliques, de fréquentes
diarhées, la perte de l'appetit et la salivation. Dès qu'on eût
découvert la cause de ses souffrances, on fit usage de plusieurs
remèdes; mais tous ayant échoué on résolut de l'envoyer aux
eaux d'Aix-la-Chapelle. Elle commença à boire l'eau sulfureuse
d'abord coupée avec du lait, puis pure; ensuite elle prit un
bain tous les deux jours. L'appetit revint, la salivation et tous
les autres symptômes diminuèrent graduellement et elle recouvra
ses forces. Au bout de deux mois la malade quitta Aix tout-à-
fait guérie.

G. Reumont.

47ᵐᵉ Observation.

Amaigrissement considérable et paralysie générale à la suite d'un usage immodéré de mercure.

Un militaire âgé de 36 ans, d'une constitution robuste,
avait présenté quelques années auparavant divers symptômes
syphilitiques, et avait été traité à differentes reprises en Pologne
pendant l'hiver par des préparations mercurielles. Son genre
de vie irrégulier et le traitement non moins irrégulier de sa
maladie produisirent à la longue des symptômes mercuriels;
principalement un amaigrissement considérable et une paralysie
presque générale. Il avait déjà fait usage des eaux d'Aix-la-
Chapelle contre des affections rhumatismales. Après avoir employé pendant quelques jours un traitement médical contre des
symptômes de dyspepsie, je lui ordonnai de boire l'eau minérale à la dose de dix verres par jour; en même temps il commença à prendre des bains ordinaires tous les deux jours. Au
bout de trois semaines il s'ensuivit une *forte salivation* qui, loin

d'affaiblir le malade, opéra sur son organisme d'une façon salutaire. Il regagna bientôt des forces et de l'embonpoint si bien
qu'après une cure de six semaines, avec addition de quelques
bains de vapeur, il quitta Aix entièrement guéri.

G. Reumont.

48ᵐᵉ Observation.

Aphonie complète par suite d'un usage inconsidéré de mercure.

Un militaire âgé de 25 ans, d'une bonne constitution,
mais d'un tempérament irritable au suprême degré, avait pris
sans précaution diverses préparations mercurielles pour se pré-
server du retour de quelques légers symptômes syphilitiques.
Tout à coup, et sans autre cause apparente, il perdit la voix.
Après avoir essayé sans résultat de différents remèdes, il eut
recours aux eaux d'Aix-la-Chapelle. Je lui ordonnai de boire
l'eau à la dose de vingt à trente onces par jour, de prendre
des bains ordinaires et tous les trois jours un bain de vapeur.
Pour obtenir une action plus directe sur les nerfs du larynx,
je lui ordonnai d'aspirer les vapeurs qui émanent de la source.
Après un traitement de dix jours sa voix commença à être
plus distincte, et au bout de cinq semaines elle devint tout-à-
fait claire.

G. Reumont.

49ᵐᵉ Observation.

Paralysie incomplète des membres inférieurs, causée par un refroidissement après un traitement mercuriel.

Un jeune Danois avait été plusieurs fois atteint de syphilis et traité par le mercure et l'iode. Après un traitement
mercuriel de quinze jours s'étant exposé au froid, il fut tout à
coup pris d'une très-violente névralgie des deux nerfs sciatiques
et de douleurs dans les lombes. Quoique cette névralgie eut
été convenablement soignée et avec succès, il lui resta cepen-

dant une paralysie incomplète des membres inférieurs, ce qui l'obligea à se servir d'abord des béquilles et ensuite d'une canne; de temps en temps il éprouvait encore des douleurs dans les parties affectées. Deux mois après l'apparition de la névralgie il vint à Aix-la-Chapelle très amaigri et offrant des symptômes mercuriels; ses mouvements à l'aide d'une canne étaient au suprème degré pénibles et douloureux. Au bout de douze jours les bains ordinaires et les douches avec frictions produisirent une amélioration sensible; le malade pouvait marcher plus droit et plus facilement. Pour fortifier l'organisme je lui prescrivis en même temps l'iodure de fer et la quinine. Après avoir pris quinze douches il fut en état de marcher sans canne, et après la 25me douche la paralysie avait entièrement disparu ainsi que tous les symptômes mercuriels.

A. Reumont.

Un autre métal qui cause aussi beaucoup de désordre dans l'organisme, c'est le *plomb*; il affecte principalement les mineurs, les peintres etc.; le vin est quelquefois sophistiqué avec des sels de plomb et alors il engendre chez ceux qui en boivent une maladie très-grave (le mal de Poitou); on a aussi observé recémment que les personnes qui prisent habituellement du tabac conservé dans des feuilles de plomb, éprouvent beaucoup de symptômes que l'on peut attribuer à ce poison. On observe également des cas pareils en Hollande, où l'eau de pluie potable est receuillie dans des citernes de plomb. Les principaux symptômes produits par ce poison sont: des coliques intenses, des douleurs dans les membres et les articulations, une teinte livide des gencives, des tremblements et la paralysie des membres supérieurs etc. Dans toutes ces affections les eaux d'Aix-la-Chapelle constituent un agent curatif précieux.

50ᵐᵉ Observation.

Paralysie des membres supérieurs.

Un Monsieur avait extrêmement souffert du mal de Poitou (colique de plomb) à la suite duquel il eut les deux membres supérieurs paralysés, en sorte qu'il ne pouvait même pas soulever un brin de paille. Dans cet état fâcheux il eut recours aux eaux d'Aix-la-Chapelle qui répondirent complètement à son attente, car après les avoir employées en boisson et en douches, il recouvra parfaitement l'usage de ses bras et de ses mains.

Veling.

IX. Maladies syphilitiques.

Par rapport à cette classe de maladies les effets des eaux d'Aix-la-Chapelle ont été trop et trop peu vantés. Dans un travail précédent*) nous avons établi relativement à leur efficacité dans cette sorte d'affections le principe — que les eaux d'Aix-la-Chapelle ne constituent pas par elles même un moyen de guérison du virus vénérien, mais qu'elles sont un adjuvant des plus puissants et dans certains cas indispensable pour le traitement de certaines variétés de cette maladie. Nous entendons par là ces affections secondaires et tertiaires qui par une complication de cachexie mercurielle ou de toute autre maladie constitutionelle (scrophules, goutte, rhumatisme ou scorbut) ont perdu leur nature originelle. Dans tout ces cas les eaux d'Aix-la-Chapelle doivent être considérées en partie comme le plus puissant

---

*) Les eaux d'Aix-la-Chapelle contre les maladies syphilitiques. 2ᵐᵉ édit. Erlangen 1859.

adjuvant à l'application de remèdes spécifiques (mercure, iode), en partie comme un moyen préparatoire à un traitement purement anti-syphilitique.

La complication des affections syphilitiques de cachexie mercurielle est parmi toutes celle qui peut être particulièrement traitée par ces eaux avec le plus de succès. Un grand nombre des plus graves malades qui ont en vain essayé des remèdes les plus énergiques, doivent leur guérison à la combinaison des eaux avec d'autre remèdes. Le mercure tout en étant le moyen le plus sûr contre cette terrible maladie lorsqu'il est employé convenablement et avec les précautions nécessaires, produit au contraire des effets désastreux sur l'économie lorsqu'il est employé d'une manière irrégulière et inconsidérée, car alors il ajoute une nouvelle maladie à l'ancienne; cela arrive particulièrement dans les cas où le malade est d'une faible constitution, ou quand son organisme est déjà altéré par une des maladies susmentionnées.

Comme il est quelquefois difficile et souvent impossible de distinguer les symptômes mercuriels des syphilitiques, les eaux sulfureuses offrent un moyen excellent pour *découvrir* le principe contagieux s'il existe, et le dénoncer au médecin par des symptômes indubitables, tandis que la cachexie mercurielle subit bientôt l'influence salutaire de la cure. En général les eaux d'Aix sont *un moyen positif* pour diagnostiquer la syphilis latente, et c'est pour cette raison qu'un grand nombre de personnes sont envoyées chaque année à Aix dans le but de subir l'épreuve de ses eaux. Les exemples suivants vont confirmer ce qui a été dit de leurs propriétés.

51ᵐᵉ Observation.

Ulcérations de la bouche; éruption syphilitique se montrant après l'administration des bains de vapeur.

Un officier Russe avait contracté quatre ans auparavant une infection syphilitique contre laquelle il prit du mercure sans observer un régime convenable; deux mois plus tard apparurent des accidents secondaires dans la gorge et furent combattus par l'iodure de Potassium et la décoction de Zittmann, avec des résultats variables. Subséquement il apparut sur la lèvre inférieure de petits ulcères dont la nature semblait douteuse; pour cette raison on l'envoya essayer les eaux d'Aix comme épreuve de la syphilis. — Après quelques bains ordinaires et de vapeur une éruption syphilitique de forme pustuleuse se montra sur la poitrine, le cou et les bras, accompagnée d'un mouvement fébrile. Après un autre couple de bains de vapeur l'éruption parut aussi sur le front, mais les ulcères des lèvres avaient diminués. Après la terminaison de sa cure d'eaux et la cessation de la fièvre, le malade fut soumis à un traitement antisyphilitique spécifique.

A. Reumont.

52ᵐᵉ Observation.

Éruption syphilitique de la peau, apparaissant pendant la durée d'une cure d'eaux.

Un Russe, âgé de 25 ans, atteint d'une éruption syphilitique et ayant déjà pris de fortes doses de mercure, fut à la fin traité avec succès (en apparence) par la décoction de Zittmann. Mais son médecin doutant de sa guérison complète l'envoya à Aix y faire une cure d'épreuve. Après qu'il eut pris pendant dix jours l'eau minérale et des bains ordinaires e de vapeur, il se déclara sur le dos et les bras des syphilies (erythema syphilitica) qui prouvaient la justesse de l'opinion de son médecin. Ayant fait cesser la cure d'eaux, j'employai de nouveau la décoction de Zittmann qui cette fois réussit parfaitement; après cela une seconde cure d'eaux n'ayant amené aucun symptôme syphilitique, le malade quitta Aix radicalement guéri.

A. Reumont.

Les eaux d'Aix-la-Chapelle sont hautement appréciées dans les cas d'affections syphilitiques où sous l'influence d'un traitement médical longtemps prolongé l'organisme s'affaiblit tellement qu'il perd en partie la faculté d'être impressionné par des médicaments nouveaux: dans de tels cas une cure d'eaux préparatoire produit une rénovation complète.

53ᵐᵉ Observation.

Syphilis invétérée; emploi inconsidéré de mercure et d'autres traitements; cure d'eaux préparatoire.

Un jeune Russe de 28 ans d'une constitution, faible fut atteint à la suite d'un accident primitif de symptômes secondaires que l'on traita au moyen d'une quantité de mercure et d'autres médicaments. Quant il vint à Aix il présentait encore des symptômes secondaires, des ulcérations dans la bouche (plaques muqueuses) et des engorgements aux ganglions cervicaux, et il était très-amaigri par un traitement longtemps prolongé. Je trouvai nécessaire de faire précéder tout autre traitement d'une cure d'eaux préparatoire. C'est pourquoi je lui prescrivis de boire l'eau minérale à très-hautes doses, de prendre des bains ordinaires et de vapeur et de suivre un régim nourissant. Au bout de quelque temps il devint plus fort, mais les symptômes syphilitiques s'étaient aggravés. Je fis cesser alor l'emploi des eaux et recourrus à la décoction de Zittmann (qu avait déjà été essayé plusieurs fois à St. Petersbourg sans résultat, en observant toutes les précautions exigées, et j'obtins la guériso complète du malade. Comme épreuve je fis reprendre de nouvea la cure d'eaux sous toutes les formes, et la continuer pendat deux mois, en y joignant vers la fin l'usage de l'iodure de Potassium. Aucun symptôme syphilitique ne se montra, et l'organisme du malade s'était considérablement fortifié. D'après des renseignements que je reçus plusieurs années après il avait continué à jouir d'une bonne santé.

A. Reumont.

Les affections syphilitiques les plus fréquentes à la suite d'un traitement mercuriel mal appliqué et trop longtemps prolongé, et principalement lorsque le malade est affecté d'une des maladies dont il est parlé plus haut, sont les suivantes, tantôt *générales* tantôt *locales:* des anémies (appauvrissement du sang), une diminution de la nutrition, des douleurs ambulantes dans les tissus fibreux, de la faiblaisse musculaire, des tremblements, des éruptions cutanées et des ulcères, des engorgements des ganglions, des névralgies, une paralysie plus ou moins complète, des altérations des membranes muqueuses, des articulations, du foie *) et finalement des os et du périoste (douleurs nocturnes, tumeurs, carie etc.).

Pour combattre ces différentes affections, on doit mettre en usage selon le cas spécial toutes les manières d'employer les eaux sulfureuses. A l'appui de ce qui vient d'être établi nous allons choisir dans une multitude d'observations les suivantes.

---

*) La question de savoir si *la dégénérescence adipeuse du foie* a une origine mercurielle ou syphilitique, n'est pas encore résolue.

54me Observation.

Cachexie au plus haut degré; tumeurs des os volumineuses (hyperostoses).

Un capitaine Russe, âgé de 35 ans, fut atteint de symptômes secondaires (éruption cutanée) après avoir été traité d'une affection syphilitique par des remèdes externes seulement. En dépit de plusieurs médicaments antisyphilitiques (entr'autres des frictions avec l'onguent mercuriel) il se forma quelque temps après sur les os du bras et de la jambe des tumeurs considérables dont plusieurs étaient ulcérées et qui resistèrent à l'emploi des moyens les plus énergiques que l'on avait appliqués avec de courtes interruptions pendant sept ans. Les eaux sulfureuses froides de Druskeniki furent essayées aussi sans résultat. Le malade dans ces tristes conditions mit son dernier espoir dans les eaux d'Aix-la-Chapelle. A son arrivée il présentait le type véritable d'une cachexie mercurielle au plus haut degré, compliquée d'ailleurs de symptômes syphilitiques, de tumeurs osseuses enormes au radius et au tibia gauches. De ma vie je n'avais encore vu un malade dans un si pitoyable état. Il souffrait en outre d'insomnies, de dérangement de l'estomac et de douleurs ostéocopes nocturnes dans les os affectés. Après qu'il eut pris quelque temps les eaux intérieurement et les bains ordinaires, son état s'améliora quelque peu, les douleurs cessèrent et le sommeil devint meilleur. Je lui prescrivis alors de l'iodure de fer et des douches en arrosoir sur les os malades. Sous l'influence de ce traitement son organisme se fortifiait et les symptômes mercuriels et syphilitiques diminuaient visiblement. Des bains de vapeur que j'ordonnai alors donnèrent lieu à une légère salivation qui pourtant n'affaiblit pas du tout le malade. Après une cure de dix semaines (vers la fin de laquelle je remplaçai l'iodure de fer par l'iodure de Potassium) il quitta Aix-la-Chapelle dans un état notablement amelioré: il ne restait pas de trace des douleurs nocturnes, et les tumeurs osseuses étaient tellement réduites qu'il n'y avait plus rien à redouter de leur présence.

A. Reumont.

55me Observation.

Tremblement des muscles; tubercules syphilitiques
du tissu cellulaire; crise manifestée par des abscès.

Un polonais, âgé de 38 ans, atteint de tubercules syphi-
tiques dans le tissu cellulaire et ayant fait un grand abus de
mercure, souffrait d'un tremblement presque continuel dans les
muscles des quatres membres. Après qu'il eut pris pendant
environ trois semaines des douches alternativement avec des
bains ordinaires, il se forma sur différentes parties de son corps
de grands abscès accompagnés de mouvement fébrile; un de
ces abscès exigea l'incision et se transforma en ulcére indolent
qui après l'administration de hautes doses d'iodure de Potassium
se termina par une large cicatrice blanche. La cure d'eaux
combinée avec ce dernier remède n'eut pourtant que peu d'action sur les tubercules, contre lesquels le malade fut soumis à
un traitement spécifique.

A. Reumont.

56me Observation.
Éruption cutanée (Lèpre).

Un officier, âgé de 48 ans et primitivement d'une bonne
constitution, mais très-affaibli par des excès de tout genre,
avait contracté des maladies syphilitiques sous toutes les formes
maintes fois dans l'espace de vingt ans, et avait subi des traitements variés avec plus ou moins de succès. Enfin il fut affecté
d'une maladie cutanée presque générale qui ressemblait à la
vraie lèpre décrite par le Dr. Cullen. Jamais je n'ai vu un
aspect plus dégoutant non seulement à cause de l'éruption,
mais à cause de l'odeur nauséabonde qui s'exhalait de toute la
surface de son corps encrouté: outre cela ses gencives excré-
taient sans cesse une salive très-infecte. Il avait ingéré une
grande quantité de mercure et vint enfin se traiter à Aix. En
étudiant la relation de sa maladie, je conclu que le mercure
avait une part très-grande dans la production de cet affreux
état. En conséquence je lui fis boire autant d'eau sulfureuse

que son estomac en supportait, en même temps prendre des bains ordinaires et des douches [sur toute la surface du corps, et au bout de trois semaines un bain de vapeur tous les deux jours. Sa nourriture était simple et de facile digestion; il lui était permis de boire deux verres de bon vieux vin par jour. Au bout de deux mois il commença à avoir une apparence plus favorable; sa face et son cou, s'était déjà nettoyés. La cure fut encore continuée un mois et quand il quitta Aix la salivation avait cessé depuis quelque temps, la mauvaise odeur avait presque disparu et l'éruption avait pris un caractère herpétique plus bénin. Une seconde cure l'aurait entièrement guéri.

G. Reumont.

57ᵐᵉ Observation.

Syphilis invéterée, compliquée de scrofules.

Un allemand âgé de 32 ans, d'une constitution délicate et scrofuleuse, contracta en automne de 1852 une affection syphilitique qui disparut après qu'il eut pris quelques purgatifs salins et employé des embrocations d'infusion de camomille. Une couple de mois après une éruption sous forme de tâches se montra sur le front; il fut traité par la décoction de Zittmann, mais sans observer le regime convenable. Après un froid violent qu'il contracta immédiatement après ce traitement, il fut prit d'un asthme très-fort dont il n'avait jamais souffert de sa vie. Cet asthme dura quatre jours et fut suivi d'une tumeur douloureuse au pied droit qui dégénéra bientôt en abscès. Jusqu'au printemps de 1854 le malade était dans un état de faiblesse et de langueur contre lequel les bains de Rhemé lui firent beaucoup de bien. Jusqu'en 1856 il jouit d'une assez bonne santé, mais à cette époque il apparut dans le gosier de petites ulcérations contre lesquelles il fut soumis à un traitement mercuriel, mais encore une fois en négligeant les précautions nécessaires. Pendant l'automne de 1857 il se déclara une éruption cutanée, des ulcérations et des tumeurs dans le nez. Il fut traité alors contre ces symptômes avec l'iodure de Potassium et celui-ci s'étant montré impuissant, on revint de nouveau à la décoction de Zittmann. L'amélioration produite par ce traitement ne fut pas de longue durée et finalement le malade vint à Aix dans l'espoir d'être délivré d'un mal qui l'avait tourmenté pendant tant d'années. A son arrivée il était très-amaigri et avait un air cachectique; la partie supérieure du nez était très-tuméfiée, rouge et douloureuse au toucher, avec des ulcérations superficielles sur la membrane muqueuse; le gosier était d'un rouge intense; le nez bouché et une sensation de pésanteur dans le front, des vertiges et des douleurs dans le dos. Je lui ordonnai de boire l'eau et de prendre des bains ordinaires; outre cela d'aspirer les vapeurs ce qui favorisa la circulation de l'air par les narines. Quelques jours après il commença à prendre des bains de vapeur, les alternant avec les bains ordinaires, et je fis ajouter de l'iodure de Pottassium à l'eau minérale qu'il buvait. Par ce traitement tous les symptômes de la maladie s'améliorèrent et l'organisme se fortifia. Quand une cure de cinq semaines (avec addition de quelques bains de vapeur) eut rétabli le nez dans sa forme et ses fonctions normales et calmé entièrement les douleurs, le malade quitta Aix en parfaite santé.

A. Reumont.

58me Observation.

Douleurs nocturnes (ostéocopes); diathèse goutteuse.

Un général Russe, âgé de 46 ans, d'une complexion athlètique, ayant été traité d'une affection syphilitique par des remèdes externes, fut atteint deux mois après de symptômes secondaires à la gorge qui furent en premier lieu traités en vain par le bichlorure de mercure et finalement guéris par des frictions mercurielles; on lui conseilla alors des bains de rivière froids (c'était pendant son séjour en Pologne). Malgré ce traitement inconsidéré il jouit d'une assez bonne santé pendant trois ans depuis l'apparition des symptômes primitifs. Cependant ayant une disposition goutteuse depuis longtemps, il eut plusieurs attaques de goutte pendant la campagne de Crimée; en même temps il commença à éprouver des douleurs nocturnes dans le tibia et l'os frontal; outre cela son foie était engorgé et douloureux. On l'envoya à Carlsbad où sa maladie du foie fut guérie, mais non celle des os. Quoique sa constitution naguère vigoureuse eût été altérée par ses longues souffrances, on ne put découvrir aucune tumeur osseuse; un seul endroit à la partie inférieure du tibia gauche paraissait un peu tuméfié et sensible à la pression; on pouvait remarquer disséminées sur le pied de petites ulcérations de nature calleuse qui ont expulsé, selon le témoignage du malade, des particules arénacées. Les douleurs nocturnes avaient pour siège principalement l'os frontal et le tibia; les douleurs dans le gros orteil avaient un caractère éminemment goutteux. La peau avait une grande disposition à transpirer; rien du côté du foie; quelques symptômes dyspeptiques. Il commença la cure par des bains ordinaires, après un petit nombre desquels les douleurs nocturnes diminuèrent notablement tandis que le sommeil devint meilleur. Après qu'il eût pris quelques bains de vapeur, alternativement avec les bains ordinaires, la sécrétion naturelle de la salive s'accrut, et les gencives jusqu'alors livides reprirent leur teint normale. Alors les douleurs nocturnes cessèrent et son état général s'était sensiblement amélioré. Après une douzaine de bains de vapeur et autant de bains ordinaires, je prescrivis des douches sur les jambes et les pieds. Sous l'influence de ce traitement il éprouvait de temps en temps des picotements sous la peau des jambes et surtout au gros orteil. Les ulcérations des pieds et la tumeur douloureuse du tibia disparurent. Après une cure de six semaines le malade quitta Aix en bonne santé.

A. Reumont.

(Comp. ces Observations avec celles des Nros 34, 47, 48 et 49.)

Après la guérison des affections syphilitiques, le convalescent doit être particulièrement prudent relativement à son régime ultérieur. L'usage inconsidéré des bains de mer et surtout de bains ferrugineux après une cure d'Aix-la-Chapelle a amené souvent les conséquences les plus fâcheuses. Le parti le plus sage à prendre consiste à attendre tranquillement pendant l'automne et l'hiver suivants l'éffet ultérieur des eaux d'Aix soit sur place, soit dans quelque contré méridionale jouissant d'un climat doux.

Contre-indications.

Pour finir je dirai quelques mots des maladies où les eaux d'Aix-la-Chapelle et celles de Borcette ne doivent pas être employées, ou du moins ne l'être qu'avec une extrême prudence. Une cure d'eaux ne convient pas dans la plupart des fièvres et (à très-peu d'exceptions près) dans les inflammations, dans les hémorrhagies des poumons, de la matrice etc., ainsi que dans les cas de consomption tuberculeuse, d'hydropisie de la poitrine et de l'abdomen et dans les maladies du coeur et des artères.

On doit également proscrire l'usage des eaux en boisson aussi bien qu'en douches et bains de vapeur dans les cas de plethore avec congestions à la tête et à la poitrine: dans quelques circonstances néanmoins on peut permettre des bains tempérés. Dans les cas d'irritation gastrique on doit s'absténir pendant leur durée de boire les eaux, quoique les bains ordinaires n'offrent alors point d'inconvenient.

Durant la menstruation on doit suspendre la cure, ainsi que durant les cinq premiers mois de grossesse; mais dans la majorité des cas on peut permettre les bains après le cinquième mois.

On doit user des plus grandes précautions dans une cure d'eau pour les sujets d'un âge avancé: les bains de vapeur sont alors tout-à-fait interdits.

Borcette.

Sources thermales.

> „Il n'y a que la proximité des eaux les
> plus célèbres de l'Europe qui ait pu rabaisser
> la valeur de celles de Borcette; si elles étaient
> situées à une plus grande distance, elles auraient
> certainement été hautement estimées comme elles
> le méritent."
>
> C. Lucas (Essai sur les eaux, 1756.)

La petite ville de Borcette est située au sud
d'Aix-la-Chapelle, et en est si proche que certains
quartiers des deux villes sont en contact. Borcette
est si extraordinairement riche en sources thermales
que plusieurs dentr'elles n'ont jamais été appliquées
à l'usage médical, ni même analysées au point de
vue chimique. Les sources jaillissent d'un calcaire
de transition et sont plus ou moins sulfurées; *)
leur écoulement est si abondant qu'elles donnent
naissance à un ruisseau permanent (le ruisseau
chaud). Elles varient beaucoup sous le rapport de
la température, selon le Docteur *Lersch* dans les
limites entre 28° C. et 74°,6 C. (59°,7 R.)

---

*) On faisait autrefois une distinction entre les sources ther-
males de Borcette *sulfurées* et purement *alcalino-muria-*
tiques; mais les analyses les plus récentes ont démontrées
que toutes ces sources contiennent une certaine quantité,
quand même quelquefois insignifiante, de soufre.

D'après la situation de l'est à l'ouest il y a *principalement* les sources suivantes:

1. *La source Victoria,* celle dont on boit habituellement, ainsi nommée en l'honneur de la Princesse Royale de Prusse et d'Angleterre, ayant une température *) de 59⁰,9 C.;

2. la source de *l'hôtel de bains de St. Charles (Karlsbad)* d'une température de 49⁰,8 C. (39⁰,85 R.);

3. la source de *l'hôtel de bains de la Rose (Rosenbad)* d'une température de 66⁰,5 C.;

4. la source *de la maison de bains de l'Écrivisse (Krebsbad)*: **) 62⁰,8 C. (50⁰,25 R.);

5. la source nommée „*le puits bouillant*" *(Kochbrunnen)* qui jaillit à ciel ouvert dans une des rues de la ville devant *le bain neuf (Neubad)* qu'il fournit de l'eau minérale, présentant actuellement une température de 56⁰,25 C. (45⁰ R.); elle tire son nom d'une quantité de bulles de gaz qui viennent sans cesse crever à sa surface, et lui donnent l'apparence d'une marmite en ébullition;

6. la source *du Mühlenbend,* la plus chaude de toutes les autres, d'une température de 74⁰,6 C. (59⁰,7 R.), fournit l'eau à quatre

---

*) Toutes les températures des sources thermales de Borcette sont d'après les observations toutes récentes du Docteur *Lersch.*

**) C'est dans cette antique maison de bains que le Roi de Prusse *Frédéric II* (le Grand) prit les bains pendant son séjour à Aix en 1742.

maisons de bains: *les bains du glaive (Schwerdtbad)* — *du moulin d'or (Goldmühlenbad)* — *du Prince de Liége (Prinz von Lüttich)* — et *de l'Empereur (Kaisersbad)*; selon le Docteur *Lersch* c'est la source la plus chaude de l'Europe centrale, plus chaude même que le *Sprudel* de Carlsbad;

7. la source *de la maison de bains du serpent (Schlangenbad)*, d'une température de 65⁰,3 C. (52⁰,25 R.);

8. la source de *l'hôtel de bains de St. Jean (Johannisbad)* ayant une température de 62⁰,2 C. (49⁰,8 R.)

Outre ces sources nommées il y en a encore plusieurs, dont une mérite une mention spéciale; elle est surnommée „*le puits de la variole*" *(Pockenpützchen)* et jaillit à ciel ouvert dans les environs de Borcette près de Frankenberg, avec une température de 39⁰,7 C. Cette source est fréquentée par le peuple qui lui attribue des propriétés médicales tout spéciales.

Plusieurs des sources thermales de Borcette ont été analysées par différents chymistes, principalement par feu le Dr. *Monheim*. Nous donnons ici l'analyse la plus moderne et la plus exacte de la source la plus chaude et de la source Victoria.

Analyse

des

sources thermales de Borcette

d'après

R. Wildenstein (1861) et le Dr. N. P. Hamberg
de Stockholm (1859).

Dans 1000 grammes d'eau (un litre).	La source la plus chaude d'après *Wildenstein.*	La source Victoria d'après *Hamberg.*
	Grammes.	Grammes.
Chlorure de sodium.....................	2,837203	2,791295
Bromure de sodium.....................	001690	001111
Jodure de sodium.....................	000225	000196
Sulfure de sodium.....................	000071	001808
Sulfate de potasse.....................	168475	166481
Sulfate de soude.....................	308191	281700
Carbonate de soude.......	597703	624246
Carbonate de lithion...... *...........	009645	003479
Carbonate d'oxyde d'ammonium.........	007138	006288
Carbonate de magnésie	027356	028816
Carbonate de chaux......	185779	143905
Carbonate de strontiane...............	000559	003444
Carbonate de protoxyde de fer...........	000353	001838
Carbonate de protoxyde de manganèse...	000295	000522
Carbonate d'oxyde de cuivre...........	000130	000110
Arséniate de chaux...................	000034	—
Phosphate de chaux...................	000331	000664
Phosphate d'alumine.................	000180	—
Alumine......	—	000785
Silice	073802	066286
Matière organique...................	002650	001603
Somme...	4,221810	4,124577
Acide carbonique libre et celle des bicarbonates	364446	440016
Sommes totales...	4,586256	4,564593

Outre ces substances l'analyse a encore trouvé des traces de sulfate d'oxyde de cäsium et de rubidium, de borate de soude, de nitrate de soude, de carbonate de baryte et de fluorures de calcium.

Les gazes spontanés des thermes.

100 pouces cubes contiennent:	La source la plus chaude d'après Monheim.	La source Victoria d'après Monheim.
	Pouces cubes.	Pouces cubes.
Azote...............................	71,35	70,75
Acide carbonique...........	28,50	29,05
Hydrogène sulfuré....................	—	20
Oxygène..........................	15	—
Pouces cubes...	100,00	100,00

En comparant cette analyse des eaux thermales de Borcette avec celles de la source de l'Empereur à Aix, on aperçoit très-peu de différences entr'elles. Quant à l'odeur et au gout les eaux de Borcette paraissent un peu moins désagréables et plus salées; l'eau de la plupart des sources n'a pas l'odeur caractéristique du soufre.

A cause de cette grande ressemblance dans la composition chimique, les eaux de Borcette diffèrent également très-peu de celles d'Aix au point de vue médical. C'est pourquoi elles conviennent en général au traitement de tous ces états pathologiques contre lesquels les eaux d'Aix sont si salutaires.

Les eaux thermales de Borcette agissant plus puissamment sur la sécrétion rénale et de la muqueuse des intestins que celles d'Aix, sont aussi encore plus éfficaces que celles-ci dans certaines maladies de l'abdomen; mais dans les maladies mercurielles et syphilitiques les eaux d'Aix-la-Chapelle sont préférables, au moins pour l'usage interne. Ce qui distingue principalement les sources d'Aix de celles de Borcette c'est leur température respective, celles de Borcette étant plus élévée, et c'est une question d'une certaine importance lorsqu'il s'agit de bains de vapeur. Les malades qui ont la peau très-endurcie transpireront plus facilement en prenant les bains de vapeur aux sources les plus chaudes de Borcette, où la vapeur est à une température de 55^0—60^0 C. (46^0—48^0 R.), d'environ $12^0,5$ C. (10^0 R.) plus haute qu'Aix.

Les maisons de bains de Borcette sont des propriétés particulières, pour la plupart atténantes à de très-bons hôtels. (Les bains de la Rose, de St. Charles, du glaive, du Prince de Liége etc.) La grande et belle maison de bains *de la Rose* possède une vaste salle du rez-de-chaussée, en communication avec un grand jardin où se trouve la source thermale; cette salle est chauffée par la chaleur de l'eau thermale, ce qui offre une grande ressource aux malades pendant un temps pluvieux et la mauvaise saison.

L'aménagement pour les bains, les douches etc. est pareil à celui d'Aix. Grâce à sa situation Borcette convient mieux aux malades qui préfèrent la retraite et le repos aux distractions et aux plaisirs de sa voisine plus populeuse et plus animée.

Il est digne de remarquer que dans le voisinage du *ruisseau chaud* croit une plante très-rare, le *Cyperus badius Desf.* On trouve dans l'eau de la source du Mühlenbend et dans les puits de la variole des *naviculae* vivantes; et également dans le bassin de la source de la Rose une végétation consistant de fils verts, nommée *Symphyotrix fragilis*, et une autre consistant de fils blancs dans le puits de la variole, nommée *Phormidium membranaceum s. biforme.*

Les sources ferrugineuses
d'Aix-la-Chapelle et de Borcette.

Il y a dans chacune de ces deux villes et dans leur voisinage plusieurs sources ferrugineuses; l'une d'elles, située à Aix-la-Chapelle dans un square appellé „Driesch" servait au XVIIIme siècle à l'usage médical sous le nom de „*Source de Spa*," mais actuellement elle est tout-à-fait abandonnée. Depuis les temps modernes deux sources ferrugineuses d'Aix et de Borcette sont employées pour les bains:

1. A Aix la source située dans la rue du théâtre (dans l'élégant hôtel du N^{ro} 10) doit son nom de *source Leuchtenrath* à celui de son ancien propriétaire et est aujourdhui la propriété de Mr. de Gericke. L'eau de cette source est chauffée pour les bains à la température que l'on désire; les aménagements pour les bains, les douches étc. sont très-bien disposés.

2. A Borcette la *source de Guillaume* qui fournit la maison de bains de St. Jean. L'eau pour les bains en est chauffée au moyen de l'eau thermale que possède cet établissement.

La température de la *source Leuchtenrath* est à sa sortie du sol de 9$^1/_2$° R. (53° F. ou 12° C.). D'après l'analyse de Mr. Monheim elle contient dans 16 onces d'eau 4,117 pouces cubes d'acide carbonique, et environ $3^1/_2$ grains de substances solides, dont les principales sont le carbonate de soude, le chlorure de sodium (sel marin), le sulfate de soude et le carbonate de fer (0,89718 grains).

La *source de Guillaume* à Borcette a une composition chimique semblable, sauf une plus petite quantité de carbonate de fer.

L'analyse de la source *Leuchtenrath* démontre que cette eau contient beaucoup moins d'acide carbonique libre et sensiblement plus de carbonate de fer que les eaux ferrugineuses les plus renommées (comme celles de Spa, de Schwalbach etc.), d'où il résulte qu'étant prises purement elle pèsent plus sur l'estomac que ces dernières. Aussi pour atténuer cet inconvénient le propriétaire actuel de la source a imaginé de saturer de gaz acide carbonique l'eau dont les malades se servent pour boire. Mais néanmoins cette source est plutôt consacrée aux bains qui rendent de grands services dans tous les cas où les bains ferrugineux sont indiqués: les faiblesses générales occasionnées par des fièvres longtemps prolongées et par une perte de sang ou d'autres humeurs; les chloroses (menstruations irrégulières), les leucarrhées (flueurs blanches), l'exaltation de l'irritabilité nerveuse, l'hystérie, le rélâchement des membranes muqueuses, les scrofules etc. Ces bains sont quelquefois salutaires après une cure d'eaux sulfureuses. La température des bains, les précautions et la diète à observer en les prenant doivent être déterminées par un médecin.

Règles
à suivre durant une cure d'eaux à Aix-la-Chapelle et à Borcette.

„Tout malade qui fait une cure d'eau
minérale a non seulement des droits sur
la source, mais aussi des devoirs à remplir
à son égard."

La saison, la durée de la cure. Règles pour boire les eaux et prendre les bains.

Admettant que l'on ne doit dans aucun cas entreprendre une cure d'eaux d'Aix-la-Chapelle et de Borcette sans l'avis d'un médecin, nous ne présentons ici que des principes généraux, laissant au médecin du malade le soin de déterminer les cas particuliers et exceptionnels où il peut être nécessaire de les modifier.

Quoique *la saison* la plus ordinaire que l'on choisit pour prendre ces eaux s'étende du commencement de mai à la fin de septembre, elle n'exclut pourtant pas leur usage aux autres époques de l'année: le mois d'octobre presque toujours très-beau dans notre climat convient encore parfaitement à une cure. Même pendant l'hiver on peut faire une cure dans les cas urgents, surtout si le malade fixe son séjour dans une des nombreuses maisons de bains qui sont toujours très-bien conditionnées en vue des cures d'hiver.

La durée de la cure dépend du degré, de la nature de la maladie et de la constitution du malade; mais en thèse générale il est reconnu qu'un terme de cinq à six semaines suffit à la guérison à peu près complète des maladies non-invétérés; dans des cas plus graves il est nécessaire de prolonger la cure.

Le moment de la journée le plus favorable *pour boire les eaux* est le matin de bonne heure (entre 6 et 8 heures) avant le déjeuner; ce n'est qu'exceptionnellement que l'on permet de prendre les eaux dans le reste du jour. La source dont on prend habituellement l'eau pour boire sont: à Aix celle d'*Élise* et à Borcette celle de *Victoria*; les malades faibles et impotents peuvent boire l'eau dans leurs maisons de bains. Les verres dont on se sert le plus habituellement sont gradués et contiennent neuf onces d'eau (environ 173 grammes). En général on ne doit pas oublier que ce n'est pas la quantité d'eau *avalée* qui produit un bon effet, mais de celle qui est *digérée*. Quatre ou cinq verres sont considérés comme une dose suffisante; après chaque verre le malade doit faire un exercise modéré.

On prend ordinairement *le bain* après avoir bu l'eau, mais aussi avant le déjeuner; on permet quelquefois aux malades faibles et agés un léger déjeuner une demi-heure avant le bain. Les malades qui ne boivent pas d'eau peuvent prendre leur bain immédiatement en quittant le lit. C'est par exception, quand on recherche un effet spécial, que l'on fait prendre un bain le soir. On prend généralement un bain tous les jours; la température et la durée du bain sont subordonnées aux circonstances de la maladie; la règle est que la température d'un bain ordinaire ne doit pas excéder celle du sang (environ 30⁰ R. ou 99⁰ F. ou 37,5⁰ C.); mais la température la plus adoptée par l'usage varie de 26⁰ à 28⁰ R. (90⁰ à 95⁰ F. ou 32⁰ à 42,⁰5 C.). La durée moyenne d'un bain est de 20 à 30 minutes, la plus longue d'une heure. Il est salutaire de se donner un peu de mouvement pendant le bain, et il faut s'abstenir du sommeil. Il est très-bon de se frotter le corps avec les deux mains, une éponge, de la flanelle ou une brosse douce. Si le malade étant au bain éprouve du malaise, il doit le quitter immédiatement. Après le bain le malade peu déjeuner et prendre un peu de repos. Le reste de la journée doit être consacré à la lecture et à un exercice modéré. La plupart des règles générales ci-dessus sont également applicables aux *douches* et aux *bains de vapeur,* mais ces derniers exigent une direction spéciale de la part du médecin. Ordinairement *les douches* sont combinées avec le bain ordinaire; selon le but que l'on se propose on admet des exceptions à cette règle générale; on prend quelquefois les douches sans bain, ou après le bain, ou après un bain de vapeur local. La durée ordinaire d'une douche avec friction est de 15 à 20 minutes. La température des douches, leur durée, leur nombre etc. doivent être déterminés par le médecin.

Le *bain de vapeur* est un moyen très-énergique et ne doit jamais être appliqué sans être spécialement dirigé par un médecin. Peu de malades et seulement ceux qui jouissent d'une constitution robuste peuvent le supporter tout à fait à jeun. Au commencement de la cure le bain de vapeur ne doit pas durer plus de dix minutes; ensuite on peut graduellement le prolonger. Si le malade éprouve pendant le bain des vertiges, ou de violentes palpitations de coeur, ou des congestions, il doit le quitter à l'instant; il doit toujours avoir à ce propos un garde à sa portée. S'il n'éprouve que des congestions légères il peut se borner à appliquer sur la tête des compresses d'eau froide. Immédiatement après le bain il doit se mettre pour une heure au lit dans une chambre adjacente, afin d'entretenir la transpiration provoquée par le bain. Pendant ce temps il peut boire quelques verres d'eau sulfureuse. Il doit absolument s'abstenir de dormir. Après un bain de vapeur le repos doit être plus prolongé qu'après un bain ordinaire.

Diète, habillement, exercice, règles spéciales pour certaines maladies.

Outre la régularité d'une cure d'eaux, il n'y a rien qui en favorise le succès comme l'observation d'un régime convénable. La *modération en*

toutes choses est la règle que l'on doit s'imposer.—
La diète sera rélative à la constitution du malade
et au caractère de la maladie. Au commencement
elle sera moins riche et moins nourissante et le de-
viendra davantage à mesure que l'effet de la cure
se manifestera.

La *nourriture* doit être simple; il faut éviter
tous les aliments acides, gras, fortement épicés,
d'une digestion difficile, ainsi que les viandes salées
et fumées (excepté le jambon cru), les poissons gras
(l'anguille, le saumon), les patisseries, les oeufs durs,
les légumes farineux, la salade (surtout celle de
concombre), les ragouts et les sauces piquantes, les
glaces, le fromage, les fruits crus (excepté les fraises).
Les malades qui ne prennent pas les eaux sulfureuses peuvent manger quelques-uns de ces mets.
On peut permettre aux malades qui ont l'habitude
de boire du vin les qualités les plus legères de vin
du Rhin et de la Moselle; selon les circonstances
on permettra aux malades le vin de Bordeaux et
les vins du Midi (Porto et Madère) coupés avec de
l'eau. On permettra l'eau de Seltz et de Soude
pure ou avec du vin. La bière, pas trop forte et
suffisamment fermentée, ne sera pas défendue. Pour
son *déjeuner* le malade peut prendre du café en
petite quantité et pas trop fort, ou du cacao dé-
pouillé de son huile; le thé convient moins; le beurre
doit être sinon entièrement défendu, au moins permis en très-petite quantité. Le *souper* doit être
pris à une heure peu avancée et être aussi léger
que possible; ce sera du thé pour ceux qui y sont

accoutumés, autrement de la volaille, ou du gibier avec une compote ou quelques légumes légers.

„La diète de l'esprit,“ dit le Docteur *Hufeland*, „est aussi un point très-important; la bonne humeur ne doit jamais quitter quelqu'un qui fait une cure d'eaux.“

Relativement à l'*habillement* le malade doit être très-prudent; la cure d'eaux agissant principalement sur la peau en activant la transpiration, il est de la plus haute importance de ne pas prendre froid, car un pareil accident peut compromettre ou du moins retarder le succès de la cure. Le malade ne doit pas se relâcher sur ce point même dans les jours les plus chauds, car les orages sont fréquemment suivies d'un changement de température. Les habits de laine sont en général ceux qui conviennent le mieux, et le malade ne doit pas se hasarder à leur substituer des habits de toile, même pendant les grandes chaleurs, sans mettre de la flanelle en dessous. Le matin et le soir ainsi que rentrant chez soi àprès le bain, surtout après les bains de vapeur, on doit mettre un manteau.

Il faut conseiller aux malades de se lever et de se coucher de bonne heure; les plus faibles peuvent rester 8, 9 ou 10 heures au lit.

On doit exercer tous les jours le système musculaire et toujours en plein air quand le temps le permet; mais l'exercice doit être modéré sans jamais excéder les forces du malade. Quand on visite les collines des environs (le Lousberg, Karlshöhe) on doit toujours se munir d'un manteau en raison des courants d'airs froids auxquels on y est souvent exposé.

Parmi ces règles générales il y en a que l'on doit poser d'une maniére spéciale rélativement à certaines maladies.

Les malades qui souffrent *d'affections cutanées* choisiront de préférence pour commencer leur cure les premiers jours de la belle saison (Mai ou Juin). C'est principalement dans ces cas que le régime devra être très-simple; il faudra éviter avec soin tous les aliments et breuvages échauffants. L'habillement doit être chaud, sans être échauffant, l'exercice modéré.

Les malades atteints de *rhumatismes* et de *goutte* choisiront préférablement l'été pour faire leur cure thermale. Ceux-ci doivent particulièrement éviter les mets acides et salés et les vins aigres; ils ne doivent se nourrir que de légumes en quantité suffisante et des espèces de viande les plus legères. Ces malades doivent être particuliérement prudents dans leur habillement; on doit leur recommander les étoffes de laine et de coton.

Pour ceux qui sont affectés *d'hémorrhoïdes et d'engorgements du foie et de la rate*, le printemps est préférable à toutes les saisons. Un régime très-régulier, une diète legère et non irritante, une abstinence aussi complète que possible du vin etc., beaucoup d'exercice en plein air sont tout à fait indispensables. Dans les *catarrhes de la vessie* le malade se couvrira de flanelle de la tête aux pieds, car dans cette espèce d'affections le plus léger froid donne lieu à des douleurs aigües.

Les *malades scrofuleux* demandent une nourriture animale nourrissante, la qualité de légumes (surtout de pomme de terre) sera plus restreinte; il doivent faire beaucoup d'exercice en plein air.

Les malades affectés de *paralysie* exigent généralement un régime nourrissant qui ne soit pas irritant et ne surcharge pas leur appareil digestif; ceux dont les membres inférieurs sont paralysés feront des promenades en voitures. Les personnes paralysées et trés-faibles feront bien d'habiter une maison de bains.

Ceux qui souffrent de *maladies mercurielles et syphilitiques* doivent vivre aussi soigneusement que possible sous tous les rapports; leur régime doit être nourrissant, leurs vêtements très-chauds; on ne permettra le vin qu'aux malades très-faibles. La meilleure saison pour eux est l'été.

Choix de Littérature

sur

Aix-la-Chapelle, Borcette et leurs environs.

1. Histoire et Chorographie.

Les chroniques par *à Beeck, Noppius* et *Meyer*.

Chr. Quix, *) Geschichte der Stadt Aachen, nach Quellen bearbeitet, mit einem Codex diplomaticus aquensis. Aachen 1840—41.

J. G. Kaltenbach, der Regierungsbezirk Aachen. Aachen 1850.

F. Nolten, archäologische Beschreibung der Münster- und Krönungskirche zu Aachen. Aachen 1818.

Chr. Quix, historische Beschreibung der Münsterkirche und der Heiligthumsfahrt in Aachen. Aachen 1825.

M. H. Debey, die Münsterkirche zu Aachen und ihre Wiederherstellung. Aachen 1846.

H. J. Floss, geschichtliche Nachrichten über die Aachener Heiligthümer. Bonn 1855.

Fr. Bock, der Reliquienschatz des Liebfrauen-Münsters zu Aachen. Aachen 1860.

C. P. Bock, das Rathhaus in Aachen. Aachen 1843.

---

*) Il y a encore un grand nombre d'ouvrages du même auteur concernant des particularités d'Aix-la-Chapelle et des environs, soit des églises, des châteaux, des couvents etc.

2. L'idiome, poëmes et légendes.

J. Müller und *W. Weitz*, die Aachener Mundart. Aachen 1836.

J. Müller, Gedichte in der Aachener Mundart. Aachen 1840.

J. Müller, Gedichte und Prosa in Aachener Mundart. Aachen 1853.

A. Branchard, Gedichte in Aachener Mundart. 2 Hefte. Aachen 1857.

Alfr. Reumont, Aachens Liederkranz und Sagenwelt. Aachen 1829.

Alfr. Reumont, Rheinlands Sagen, Geschichten und Legenden. 2 A. Cöln 1843.

J. Müller, Aachens Sagen und Legenden. Aachen 1858

3. Flore, Géologie.

J. H. Kaltenbach, Flora des Aachener Beckens. Aachen 1845.

J. Müller, Monographie der Petrefacten der Aachener Kreideformation. Bonn und Aachen 1847—55. 3 Hefte.

M. H. Debey, Entwurf zu einer geognostisch-geognetischen Darstellung der Gegend von Aachen. Aachen 1849.

M. H. Debey und Prof. *C. von Ettinghausen*, die urweltlichen Thallophyten des Kreidegebirges von Aachen und Maestricht. Wien 1859.

4. Sources minérales.

La litérature allemande et étrangère sur les sources thermales d'Aix-la-Chapelle et de Borcette est très-riche; les plus anciennes monographies sont de *François Fabricius* (1546), de *Bruhesius* (1555), et de *François Blondel* (1655). Après Blondel beaucoup de médecins savants ont traité ce même sujet dans des ouvrages d'une importance plus ou moins grande; nous citons parmi ces auteurs: *Thom. Lesoinne* (1738), *G. K. Springsfeld* (1738), *C. Lucas* (1756), *F. Williams* (1772), *Joh. Lesoinne* (1781), *J. F. Michels* (1785), *Veling* (1791), *C. G. Th.*

Kortum (1798), *G. Reumont* (1811 et 1828), *J. P. J. Monheim* (1811 et 1829), *Dardonville* (1830), *Zitterland* (1836), *L. Wetzlar* (1842, 1856 et 1862), *A. Reumont* (1853, 1856, 1859, 1860 et 1861), *C. Barth* (1854), *B. Lersch* (1862), *Th. L. Diemer* (1862).

Pour la lecture nous recommandons les ouvrages suivantes:

Dr. *G. Reumont*, Aachen und seine Heilquellen. Ein Taschenbuch für Badegäste. Aachen 1828.

Dr. *J. P. J. Monheim*, die Heilquellen von Aachen, Burtscheid, Spaa, Malmedy und Heilstein. Aachen 1829.

Dr. *L. Zitterland*, Aachens heisse Quellen. Aachen 1836.

Dr. *L. Zitterland*, die Eisenquellen von Aachen und Burtscheid. Aachen.

Dr. *Alex. Reumont*, die Aachener Schwefelthermen in syphilitischen Krankheitsformen. 2 A. Erlangen 1859.

Dr. *Alex. Reumont* und *H. Benrath*, Aachen, Burtscheid und ihre Umgebung. Nebst einer Abhandlung über die Heilquellen Aachens und Burtscheids. Aachen 1860.

Dr. *Alex. Reumont*, the mineral springs of Aix-la-Chapelle and of Borcette. London and Aix-la-Chapelle 1861.

Dr. *B. M. Lersch*, monographische Skizze der Burtscheider Bäder (nebst den Analysen von *Hamberg* und *Wildenstein*). Aachen 1862.

Tous les ouvrages sont en vente chez **J.-A. Mayer**, libraire, rue Buchel Nro. 43.

Table des matières.

Première partie. Guide de l'étranger.

Deuxième partie. Guide pratique du médecin et du malade.

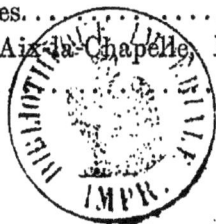

FIN.

Imprimerie de J.-J. Beaufort à Aix-la-Chapelle.

BUCHHANDLUNG
von J. A. MAYER
Büchelstrasse N? 1069.

Bezeichnung der Hauptgebäude

A. Rathhaus . Hôtel de ville .
B. Regierungsgeb. Palais du gouvernement .
C. Justizgeb . . de la Justice .
D. Elisenbrunnen . Fontaine Elise .
E. Theater . Théâtre .
F. Redoute . Redoute .
G. Postamt . La Poste .
H. Zollamt . Douane .
I. Casernen . Casernes .
K. Station de chemin de fer .

Kirchen. Eglises.

1. Domkirche . Cathédrale .
2. St. Folian .
3. „ Peter .
4. „ Nicolaus .
5. „ Michael . 12. St. Elisabeth
6. „ Jacob . 13. „ Leonhard .
7. „ Kreuzkirche . 14. Evangelische Kirche
8. „ Paulus . 15. Abteikirche in Burtscheid
9. „ Adalbert . 16. Stiftkirche
10. „ Augustin . 17. Evangelische Kirche .
11. „ Theresia .

PLAN von AACHEN
und
BURTSCHEID.

Hôtels

a. Au grand Monarque .
b. Nuellens Hôtel .
c. Aux quatre saisons .
d. Au dragon d'or .
e. Au grand Hôtel .
f. A la couronne imperiale .
g. Hôtel de l'Empereur .
h. „ de la grande roar Rheime .
i. „ de la tourelle .
k. „ de l'Europe .
l. „ de belle vue .
m. „ Royal .
o. „ de Charlemagne .
p. „ de Mayence .
q. Au grand éléphant .
r. Au roi d'Espagne .
s. Hôtel du chemin de fer .

Bäder. Bains.

I. Kaiserbad .
II. Neubad .
III. Quirinsbad .
IV. Bad z. Königin v. Ungarn .
V. Carlsbad .
VI. Cornelinsbad .
VII. Rosenbad .
VIII. Königsbad .
(in Burtscheid) Rosenbad .
IX. Schnedabad .
X. Johannisbad .
XII. Bad z. Prinzen v. Lütlich .
XIII. Obdmühlenbad .
XI. Kirchbad .

la fontaine Elise .

le Théâtre .

Sehenswürdigkeiten in der Nähe der Stadt

Viaduct bei Burtscheid, Louisberg, Kaiserruhe, Lousberg, Schönforst, Frankenberg, Hitzgen, Emmaburg, Haal, Viaduct.